Jörg Müller / Dieter Strauß
Selbsterkenntnis und Menschenführung

Jörg Müller / Dieter Strauß

Selbsterkenntnis und Menschenführung

Praktische Anleitungen

Betulius Verlag Stuttgart

Die Deutsche Bibliothek – CIP-Einheitsaufnahme

Müller, Jörg:
Selbsterkenntnis und Menschenführung: praktische Anleitungen /
Jörg Müller; Dieter Strauß. – Stuttgart: Betulius, 1996
ISBN 3-89511-027-2
NE: Strauß, Dieter:

1 2 3 4 01 99 97 96

Umschlaggestaltung: Heidi Müller, München.
Reproduktion: KILTA – Agentur für Werbung, Stuttgart.
Gesamtherstellung: Clausen & Bosse, Leck.

ISBN 3-89511-027-2

Inhalt

Teil I (Jörg Müller)

Teil II (Dieter Strauß)

TEIL I

Erkenne dich selbst

Die weisen, verständnisvollen und geachteten Lehrer der Menschheit waren immer diejenigen, die um ihre eigenen Schwächen wußten. Das Wissen allein genügt aber nicht. Sie gingen auch mit sich selbst gut um, das heißt, sie akzeptierten ihre Grenzen, sie konnten sich auch selber vergeben, wenn etwas schiefging. Und gerade weil sie selber bei sich jene Schatten erkannten, zeigten sie Verständnis und Güte denen gegenüber, die ähnliche Fehler hatten.

Daß sie nicht verurteilten und sich nicht für besser dünkten als die anderen, war ein Zeichen ihrer Lebenserfahrung und Selbstachtung. Sie wußten, daß sich nur dann einer verändern kann, wenn er die Freiheit hat, sich nicht ändern zu *müssen*. Ihre Haltung war diese: Du darfst sein, wie du bist; unvollkommen und klagend, besserwisserisch und neurotisch. Dennoch akzeptiere ich dich. Du mußt jetzt nicht sofort ein anderer werden, um von mir oder von Gott geachtet zu sein. Ich weiß um deine Verletzungen, um deine Sehnsucht nach Anerkennung und Lob. Die Geduld und Achtung meinerseits wird dir ermöglichen, dich allmählich zu ändern und zu dem zu werden, was du sein möchtest: ein Mensch, der es nicht mehr nötig hat, durch allerlei aggressive, rechthaberische, übertrieben ehrgeizige oder depressive, kränkende Verhaltensweisen nach Zuwendung zu schreien. Der kluge, lebenserfahrene und sich selbst erkennende Mensch weiß:

Jede Grenze ist eine Staustufe, an der ich höher steigen kann.

Die wichtigste Voraussetzung zu einem befriedigenden Umgang mit anderen ist also das Wissen um die eigenen Unzulänglichkeiten. Natürlich ist die Kenntnis meiner Fähigkeiten und Vorzüge ebenso wichtig; denn Gott hat jeden begabt. Viele wissen es nur noch nicht. Es wurde ihnen nicht gesagt; eher erfuhren sie sehr früh schon, was sie alles *nicht* können und wie unfähig sie doch sind, so daß sie allmählich zu der Einsicht kommen mußten, sie seien unfähige Nichtsnutze.

Daß ein solcher Mensch wohl kaum geeignet ist, andere zu führen, ist klar.

Wie komme ich zur Erkenntnis und Bejahung meiner Person?

Es war die christliche Religion, die uns als erste die Selbstliebe als Bedingung der Nächstenliebe lehrte. Selbstliebe heißt nicht, stets an sich denken und Vorteile suchen, sondern gut zu sich sein und auch den eigenen Schatten annehmen; denn wer seinen Schatten nicht wahrhaben will, wird ein Schattendasein führen.

Durch *Hinhören auf kritische Bemerkungen* und verschlüsselte Botschaften unserer Mitmenschen können wir erfahren, wie wir auf sie wirken. Wenn also Ihre Frau zu Ihnen sagt, Sie seien immer so rechthaberisch und ertrügen keine Kritik, dann muß das nicht bedeuten, daß Sie immer rechthaberisch *sind*, sondern daß sie auf Ihre Frau so *wirken*. Das ist der feine Unterschied. Und Sie sollten Ihre Frau nun fragen, wo und wann sie Ihr Verhalten so empfindet. Denn im Alltag gilt nicht so sehr, wie wir wirklich sind, sondern wie wir auf andere wirken. Da spielen auch ganz persönliche Gefühle und Erfahrungen des anderen eine Rolle. Denn jemand, der zur Eifersucht neigt, ist rasch verführt, diese auch bei seinen Mitmenschen zu suchen und zu finden. Oder einer, der sich für minderwertig und nichtssagend hält, wird sich vielleicht schwer tun, Ihre Selbstsicherheit auszuhalten, und wird Sie nun für arrogant und dominant halten, obwohl Sie das ganz und gar nicht sind. Wir sind selten die Schlechten, für die uns andere halten, und selten die Guten, für die wir uns selber halten. Und umgekehrt.

Die abendliche *Gewissenserforschung* ist ein weiteres Mittel, sein Verhalten zu hinterfragen: Weshalb habe ich so und nicht anders gehandelt? Was waren meine Motive? Wie bin ich heute mit mir und anderen umgegangen? Warum? Eine solche Selbstinfragestellung erfordert den Rückzug in die Stille. Ich kenne Leute, die gemeinsam mit ihrem Ehepartner oder mit Freunden eine wöchentliche Bilanzziehung machen. Es kommt der Beichte nahe, in der ja auch Versäumnisse und Schuld beim Namen genannt werden, um sie dann »lossprechen« zu lassen im Angesicht Gottes. Letztlich geht es also immer auch um die Versöhnung; denn ohne sie wird keiner kerngesund.

Schlaue *Bücher* können helfen, meinen Blick zu weiten und die Mechanismen meiner Psyche etwas zu erhellen. Das bekannte »Enneagramm« (Richard Rohr / Andreas Ebert, Claudius Verlag München) deckt unerlöste Eigenschaften auf; es dient der Analyse und Verhaltenskontrolle meiner eigenen Persönlichkeit und nicht, wie das gerne geschieht, zur Psychologisierung meiner geschätzten Mitmenschen.

Mein Buch »Höre, was ich *nicht* sage« (J. F. Steinkopf Verlag Stuttgart / Hamburg) möchte ich ebenfalls nennen. Es beschreibt und analysiert viele unserer negativen Eigenschaften. Die Aufdeckung der zugrundeliegenden Verletzungen ermöglicht ein besseres Verstehen und Umgehen damit.

Weil wir aber letztlich immer noch mit dem berühmten blinden Fleck rechnen müssen, den wir alle haben (wenn man nur wüßte, wo!), sind wir gut beraten, demütig zu bleiben und keine unserer Empfehlungen oder Reaktionen für das Ei des Columbus zu halten. Die Gefahr einer Selbstüberschätzung (mit dem bekannten Hinweis auf die größere Lebenserfahrung) ist groß, und niemand ist gegen sie immun. Merken wir uns eine nützliche Regel:

Hören Sie sich die Meinung der anderen an. Auch sie könnten recht haben.

Ein vollständiges Bild von uns selber werden wir niemals bekommen. Schon allein deshalb ist es klug, in seinen Kritikern die besten Lehrmeister zu sehen; denn Freunde sagen selten, was schmerzt. Ebenso gelingt es uns nicht, ein komplettes Bild des anderen zu erhalten. Die anderen verhalten sich uns gegenüber anders als dem Kollegen gegenüber. Wir machen es ja genauso. Leider meinen allzuviele, ihre Mitmenschen durchschauen zu können, wodurch sie das liebevolle Interesse an ihnen verlieren.
Menschenführung hat mit Pädagogik und Psychologie zu tun. Kenntnisse in diesen Bereichen mögen sehr nützlich sein; sie ersetzen aber nicht die leider selten vorzufindende Selbstbejahung. Wer anderen vorgesetzt wird als Autorität, muß sich die wirkliche Autorität erst verdienen.
Sie wissen aus Ihrer Schulzeit, wie sehr manche Lehrer geliebt, andere gefürchtet und gehaßt waren. Es waren eben nicht alle echte Autoritäten; Funktion und Fachwissen allein reichen dafür nicht aus. Der *Mensch* ist gefragt. Das Menschliche wird transparent bei denen, die mitleiden können, die Gefühle zeigen und Fehler zugeben, die über das Funktionale hinaus den spirituellen Aspekt sehen. Wer Härte und mangelnde Flexibilität mit »Konsequenz« verwechselt, hat nicht gelernt, sich selbst in Frage zu stellen und zurückzustellen.
Ein solcher Typ maskiert seine tiefliegenden Ängste vor Ab-

lehnung, weshalb er den Starken spielt. Er will Bewunderung und erhält Verachtung, die wiederum die Angst vor Ablehnung verstärkt. So schließt sich der Teufelskreis, in dem alle die gefangen sind, die dickköpfig, starrsinnig, uneinsichtig und bedrohlich wirken. Sie lieben sich nicht. Verletzungen und Defizite aus der Kindheit holen sie immer wieder ein, solange sie nicht endlich zuzugeben bereit sind, daß sie der Hilfe bedürfen.

Sich bejahen können braucht Zeit. Manchmal Jahre. Nicht jeder schafft es, trotz seiner vielen Vorzüge und Gaben. Es gibt nämlich dünnhäutige Seelen, die angesichts tausender Komplimente über sich hinauswachsen, dann aber durch einen einzigen Mißerfolg zusammenbrechen. Ihnen fehlt die Konfliktfähigkeit, das, was man »Frustrationstoleranz« nennt. Sie bekamen zuviel oder zuwenig Zuwendung. So etwas kann lebenslänglich nachwirken.

Es ist gut, sich selber zu loben, wenn es andere nicht tun. Es ist in Ordnung, sich bei anderen ein positives Feedback zu holen und sich aufzuwerten. Denn es gilt:

Ich bin o.k. Du bist o.k. Ich muß nicht ständig deine Wünsche erfüllen; du mußt nicht immer meinen Erwartungen entsprechen. Wir sind einmalige, jeder auf seine Art begabte Werkzeuge Gottes und müssen den anderen nicht anders haben wollen, als er ist. Ich bin nicht schlechter, nicht besser als du, sondern anders.

Ich bin eben ich. Und du bist du.

Es wird zuviel geredet, ohne was zu sagen

Eine junge Frau sagte folgende Worte: »Mit den Menschen, die wir führen, müssen wir aufrichtig sein und ihnen sagen, was wir denken. So habe ich stets gehandelt. Wenn ich deshalb nicht geschätzt werde, so ist mir daran nichts gelegen, denn ich suche nicht die Wertschätzung. Niemand möge zu mir kommen, der die volle Wahrheit nicht hören mag.« (Wer hätte gedacht, daß diese Worte aus dem Mund der heiligen Therese von Lisieux kommen!)
Wenn Sie erzieherisch tätig sind oder einen Betrieb leiten oder seelsorgerlich mit Menschen zu tun haben, sind Sie hohen seelischen Belastungen ausgesetzt. Sie schonen sich und Ihre Mitmenschen, wenn Sie mehr hören als reden. Deshalb hat Gott uns auch zwei Ohren und nur einen Mund gegeben. Es ist ermüdend, ständig irgendwelche Kommentare, endlose Belehrungen und die vierte Wiederholung eines längst geklärten Sachverhalts anhören zu müssen. Weil wir manchmal zu Recht das Gefühl haben, daß uns die anderen nicht richtig zuhören, wiederholen wir immer wieder dasselbe oder werden einfach lauter. Doch das ermüdet beide Seiten. Das ist auch einer der Gründe, weshalb Konferenzen, Sitzungen, Gremien, Sachausschüsse und sonstige zeitraubende Beschlußversammlungen so wenig ergiebig sind. Der Berg liegt in Wehen. Und eine Maus wird geboren.

> Fassen Sie sich kurz! Kommen Sie zur Sache! Sülzen Sie nicht!

Fragen Sie sich: Bin ich ein umständlicher Mensch? Rede ich zuviel drumherum? Traue ich mich nicht, deutlich und klar zur Sache zu kommen? Weshalb? Habe ich Angst zu verletzen? Weiß ich selbst nicht, was ich will? Bin ich zu sehr darauf bedacht, mit schönen Formulierungen zu beeindrucken? Oder will ich mit vielen Worten meine Unsicherheit überspielen?

Weshalb sind unsere Bemühungen um Veränderungen des menschlichen Verhaltens oft so erfolglos? Weshalb zum Beispiel werden die Autofahrer nicht rücksichtsvoller, die Kinder nicht braver und die Erwachsenen nicht gescheiter?

Weil wir entweder zuviel Theater darum machen oder mit umständlichen Erklärungen am Sachverhalt haarscharf vorbeireden oder nicht konkret genug unsere Wünsche und Meinungen artikulieren. Und wer Angst vor Verletzungen hat, Angst vor Blamagen oder Angst, sich nicht genügend durchsetzen zu können, wird um den heißen Brei herumreden. Er schwätzt, er palavert, er zerredet, aber er kommt nicht auf den Punkt.

Selbst strenge Maßnahmen und Bestrafungen haben nicht die gewünschte Wirkung. Drohungen, Erpressungen, Schuldzuweisungen, Ausspielen und welche unfairen Mittel auch immer – selbst die frömmsten Moralpredigten verfehlen ihr Ziel. Und wir tun doch nun wirklich alles dafür! Wirklich? Tun wir nicht vielmehr alles *dagegen*?

Wir bestrafen die Autofahrer und die Kinder immer wieder; doch die härtesten Maßnahmen greifen nicht. Die Moral wird noch schlechter. Warum? Weil wir immer nur *gegen* das Unerwünschte sind! Weil wir fast ausschließlich das negative Verhalten der Autofahrer bestrafen (oft erst Monate bis Jahre nach der Tat, dann gleich dreifach: Geldstrafe, Punkte in Flensburg, Führerscheinentzug) und ganz selten das vorbildhafte Benehmen belohnen. Weil wir immer noch die verhängnisvolle Meinung vertreten, ein unerwünschtes Verhalten würde durch drastische Bestrafung verschwinden, und dann käme wie von selbst das positive Verhalten. Irrtum. Die Kriminalstatistik belehrt uns eines Schlechteren.

Sage den Menschen, wie gut sie sind, und sie hören auf, schlecht zu sein.

Stellen Sie sich vor, Sie erhielten am Jahresende ein Schreiben von Ihrem Polizeipräsidium. Natürlich klopft Ihr Herz. Sie werden denken, Sie hätten irgend etwas falsch gemacht. Auf solche grünen Couverts sind wir ja inzwischen konditioniert. Sie öffnen den Brief und lesen folgende Zeilen:

Sehr geehrter Herr / verehrte Frau Huber,
anhand unserer Straßenüberwachung mittels Video haben wir Sie im nun zu Ende gehenden Kalenderjahr viermal erfassen können und festgestellt, daß Sie angepaßt und verkehrssicher gefahren sind. Dafür möchten wir Ihnen unseren Dank aussprechen und Ihnen auch für das neue Jahr allzeit gute Fahrt wünschen.
Ihr Polizeipräsidium

Was glauben Sie, wie warm es Ihnen ums Herz wird! Sie werden, angespornt von diesem Schreiben, alles daransetzen, auch weiterhin fair und angepaßt zu fahren.
Natürlich gibt es Fälle, in denen Bestrafungen sein müssen. Wir machen jedoch den Fehler, uns vornehmlich auf negative Sanktionen zu konzentrieren, also unerwünschtes Verhalten durch Strafmaßnahmen beseitigen zu wollen. Doch wissen wir längst, daß selbst die Todesstrafe nicht abzuschrecken vermag. Das Verhalten Jesu den Sündern gegenüber zeigt uns, wie Pädagogik sein soll: Zwar verbindlich und sehr deutlich, aber auch versöhnlich und tolerant.

Wie gehe ich mit Nervensägen um?

Wir alle kennen sie, diese unangenehmen Zeitgenossen. Natürlich gehören *wir* nicht zu ihnen. Es sind ja immer die anderen, die uns auf die Nerven gehen, die Klatschmäuler und Schwarzseher, die Intriganten und Fanatiker, die Streithähne und Besserwisser, die chronischen Scherzkekse und die Angeber, die süffisanten Ironiker und die scharfzüngigen Zyniker, die unverbindlichen Weicheier und die lächerlichen Rumpelstilzchen. Manchmal färben ihre Emotionen auf uns ab. Das nennt man soziale Mimikry. Diese Rollenmuster sind nicht etwa angeboren oder fleißig eingeübt. Sie sind nichts anderes als Versuche, das labile Selbstwertgefühl aufzumotzen. Wer andere manipuliert, erschreckt, abdrängt oder schlichtweg verletzt, will die eigene Verletzbarkeit schützen, die eigene Angst verstecken und Gefühle wie Neid und Eifersucht auf andere übertragen. Wer diese Spiele nicht durchschaut, verliert. Erik Berne, der Begründer der Transaktionsanalyse, hat in seinem Buch »Spiele der Erwachsenen« die typischen Machtspiele beschrieben und ihnen Titel gegeben wie beispielsweise: »Ich krieg dich noch, du Schweinehund« oder »Siehst du, was du angestellt hast«.

Nervensägen sind Leute, die auf Kosten anderer ihr schwaches Selbstwertgefühl aufmotzen. Entwickeln Sie verschiedene Abwehr- und Entlarvungstechniken.

Sobald Sie erkannt haben, daß man mit Ihnen oder in Ihrem Betrieb solche Machtspiele austrägt, haben Sie schon den Joker in der Hand. Jetzt kommt es nur noch darauf an, welche Strategie Sie anwenden, um diese Nervensäge abzustellen. Ich schlage Ihnen folgende Techniken vor:

1. Die Spiegelung
Sie ahmen das Verhalten nach, verbitten es sich aber in aller Deutlichkeit. Sagen Sie dieser Nervensäge, wie manipulativ oder aggressiv oder unfair sie ist. Die Spiegelung ist geraten bei aggressiven und unhöflichen Typen, die nicht gewohnt sind, eine Retourkutsche zu bekommen.

2. Die Umarmung
Seien Sie sehr freundlich und charmant. Sagen Sie dieser Person, wie sehr sie doch verletzt sein muß, daß sie so heftig reagiert. Geben Sie sich sehr fürsorglich und verwickeln Sie sie in ein Gespräch über die Frustrationen ihres Lebens. Das bewährt sich gut bei Streithähnen und ewigen Nörglern.

3. Die Scheindiskussion
Gehen Sie auf die Vorwürfe und Vorurteile der Nervensäge ein. Machen Sie es wie Sokrates, der die Argumente seines Gegners ernst nimmt und aufgreift, um sie dann Stück für Stück ad absurdum zu führen. Diese Methode empfiehlt sich bei Tratschtanten und dummen Schwätzern.

4. Die Konfrontation
Sie ist angezeigt bei bösartigen und verletzenden Bemerkungen, die meist das Ehrgefühl des anderen treffen sollen. Machen Sie klar, daß Sie nicht gewillt sind, solche dummen und billigen Spielchen hinzunehmen; verbitten Sie sich diesen Ton. Intriganten, Besserwisser und Zyniker sind hierbei die Adressaten.

5. Der Abbruch
Manchmal besteht der beste Schutz vor Nervensägen im Abbruch der Beziehungen, in der Kündigung des Arbeitsverhältnisses. Wenn Gespräche und Bitten nicht greifen, wenn die Atmosphäre vergiftet ist und jegliche Einsicht bzw. Verhal-

tensänderung ausbleibt, ist es sinnvoll, die Beziehung abzubrechen. Das Behalten eines uneinsichtigen Mitarbeiters um den Preis des Friedens am Arbeitsplatz ist auch aus biblischer Sicht nicht gerechtfertigt. In dieser Hinsicht hat Jesus ein klares Wort gesprochen (Matthäus 18,15–17).

Wer perfekt sein will, hat auch Versagensangst

Es ist gewiß sehr angenehm, wenn jemand Angestellte oder Schüler hat, die nach Perfektionismus streben und halbe Sachen verabscheuen. Erst wenn er selber den gleichen Drang nach fehlerfreien Leistungen hat, wird er ahnen, wie belastend das für den Betreffenden ist. Denn niemand ist imstande, immer nur das Beste zu leisten. Treten Fehler auf, so schleicht sich eine depressive oder gereizte Stimmung ein, weil Perfektionisten ihr Selbstwertgefühl ausschließlich über Leistung und Produktivität definieren.
Dieser ständige, selbstauferlegte Drang nach Leistung ist mehr als nur gesunder Ehrgeiz. Erbarmungslos und zwanghaft treibt sich dieser Mensch selbst zu Höchstleistungen an, ohne je eine wirkliche, bleibende Freude daran zu haben; denn das nächste Ziel steht schon bevor und will optimal erreicht werden.
Die Folgen sind fatal: Die Gesundheit erleidet Schäden; die mitmenschlichen Beziehungen sind gestört; das Resultat steht in keinem Verhältnis zum Energieaufwand. Am Ende kann das Burn-out-Syndrom folgen, die Erschöpfungsdepression, das völlige Ausgebranntsein.
Ich selber war kein guter Schüler am Gymnasium; nie hatte ich den Ehrgeiz, einen bestimmten Notenstand zu erreichen. Ich tat das Nötigste und fand meine Selbstverwirklichung in der außerschulischen, kreativen und lebensorientierten Tätigkeit. An der Universität überholte ich alle und promovierte

im 8. Semester meines Zweitstudiums, das faktisch erst das 5. Semester war, weil mir drei Semester aufgrund meiner Vorkenntnisse angerechnet wurden. Eine Kuriosität allemal. Das Ergebnis war mir ziemlich gleichgültig. Kein Mensch hat je über meine schlechten Schulleistungen geschimpft (nur die Lehrer) und meine guten Hochschulleistungen gelobt (nur meine Eltern). Waren drei verlorene Gymnasialjahre verlorene Zeit oder waren sie gewonnene Erfahrung? Soll man sich nun ärgern über das halbleere Glas Bier oder freuen über das halbvolle?

Versagensängste kommen dort hoch, wo Erwartungen nach Bestleistungen bestehen, wo einer sein Image vom Erfolg abhängig macht, gekoppelt an Konkurrenzdenken, Hektik und Ungeduld. Und da er zugleich Angst vor Ablehnung hat für den Fall eines ausbleibenden Erfolgs, wird er sehr heftig auf Kritik reagieren und den Druck nach perfekten Leistungen noch erhöhen.

Wenn Sie zu den Perfektionisten gehören, dann haben Sie auch Angst, Ihre menschlichen Schwächen zuzugeben; Sie meiden intime, persönliche Gespräche, geben sich unnahbar, unverbindlich und berauben sich so jener Wärme, die Sie gerade mittels Ihrer Leistungen erkaufen wollen. Sie laufen außerdem Gefahr, Ihre Mitmenschen an ihren Leistungen zu messen und strenge Maßstäbe anzulegen, etwa nach dem Motto: Bei mir kann es sich keiner leisten, halbe Sachen zu machen; ich zeige ihm, wo es langgeht; schließlich habe ich ja einen guten Ruf zu verteidigen.

Sie geizen mit dem Lob und handeln nach dem schwäbischen Grundsatz: Nicht geschimpft ist genug gelobt.

> Perfektionisten gehen auf Nummer Sicher. Sie haben Angst, etwas Neues zu wagen; denn sie könnten ja Fehler machen.

Wer Angst hat vor der Mittelmäßigkeit, die er mit Bedeutungslosigkeit verwechselt, peitscht sich immer wieder auf Bestleistungen hoch. Gleichzeitig geht er sehr hart mit sich um, wenn er versagt oder einen kleinen Fehler macht. »Das hätte mir nie passieren dürfen. Ausgerechnet mir, der ich doch bekannt bin für mein hohes Niveau. Wie stehe ich jetzt da? Das verzeihe ich mir nie!«

Eine Frau, die sich trotz einer Abmagerungskur einen Löffel Pudding gönnte, beschimpfte sich selbst: »Ich bin doch ein verfressenes Weib!« – und aß den ganzen Pudding auf. Für den Perfektionisten gilt: Alles oder nichts.

Einer, der sich um Frömmigkeit bemüht und religiöse Leistungen bringen will, ertappt sich bei einer Sünde. Statt sie zu bereuen und dann zur Tagesordnung überzugehen, wirft er sie sich nun ständig vor, ärgert sich maßlos über sein Versagen und begeht gleich darauf eine Kette weiterer Verfehlungen. »Wenn ich jetzt schon einmal versagt habe, dann kommt es nun auf weitere Sünden auch nicht mehr an«, denkt er sich und »gönnt« sich sozusagen einen Tag, frei vom religiösen Rigorismus.

Ursache eines solchen unproduktiven Perfektionismus kann eine lieblose Kindheit sein, in der es nicht erlaubt war, durch Versuch und Irrtum zu lernen. Wo Fehler geahndet werden, wächst Angst vor dem Leben, die dann nur noch in einer enormen Leistungssteigerung kompensiert werden kann. Oder man verfällt in Resignation, ohne aber die eigenen überhöhten Ansprüche aufzugeben.

Es kann aber auch sein, daß ein Kind für seine guten Leistungen enorm belohnt und für die weniger guten streng getadelt wird. Das Kind deutet dieses Verhalten als Abweisung und sucht sich durch Leistung Liebe zu erkaufen.

Irgendwann ist die Grenze überschritten: Der Perfektionist weiß nach getaner Arbeit nicht mehr, ob nicht doch noch mehr hätte getan werden müssen. Er gibt sich immer weniger

mit dem Ergebnis zufrieden, weil es vielleicht noch besser geht. So arbeitet er weiter, und die Leistung beginnt zu sinken, wenn nicht vorher schon sein Herz zu streiken begonnen hat.
Ich staune immer wieder über gewisse Büromenschen, deren Schreibtisch mit Unerledigtem chronisch überfüllt ist. Da stapeln sich die Akten und die Briefe zu beiden Seiten, da herrscht ein Durcheinander von Papieren, daß zum Auffinden bereits Zeit vergeudet wird. Mein Schreibtisch ist am Abend leer. Und jedermann fragt mich, wie ich das schaffe. Die Antwort ist ganz einfach: Ich schiebe nichts auf, ich erledige vieles telefonisch. Nichts bleibt liegen. Post, Rückrufe, Rechnungen werden möglichst noch am gleichen Tag vom Tisch gebracht, erbetene Publikationen sobald wie möglich produziert. Dadurch bleibt Zeit übrig, die ich für anderes nutzen kann, sofern ich nicht auf Dienstreisen bin. Die Empfehlung, die Dinge doch liegen zu lassen und irgendwann einmal zu erledigen, erweist sich bei den meisten Menschen als verhängnisvoll. Täglich addiert sich die Arbeit, und ein überladener Schreibtisch vermittelt einem das Gefühl, einfach nicht vorwärtszukommen. Es gibt allerdings Leute, die gern einen chaotischen Schreibtisch vor sich haben, um sich das Gefühl der Wichtigkeit, der Arbeitsüberlastung zu vermitteln. Oder aber sie sind ganz einfach nur schlampig.

> Nicht das Zuviel an Arbeit macht Streß, sondern das Zuviel an Aufgeschobenem.

Perfektionismus hat nichts mit dem Bemühen zu tun, etwas Perfektes zu leisten; er ist vielmehr ein illusionärer Anspruch, sich ein gutes Image zu verschaffen. Und weil sehr viel Zeit investiert wird, auch für Details, bleibt der Perfektionist letztlich unproduktiv. Der Erfolg eines ganzen Unternehmens kann gefährdet sein, wenn in einer Firma zu viele Perfektionisten tätig sind. Hinzu kommt, daß sie viel häufiger unter Kopfschmerzen und Depressionen leiden als diejenigen, die nicht so anspruchsvoll sind. Es ist nützlicher, die Kreativität zu fördern und Freiräume zu schaffen, damit die Phantasie und Originalität des Einzelnen besser zur Entfaltung kommen kann. Ein zu hoher Ehrgeiz ist paradoxerweise gerade bei risikoreichen Berufen fehl am Platz; denn der Ehrgeizige braucht mehr Zeit. So hat man festgestellt, daß perfektionistische Piloten mehr Unfälle erleiden als ihre lockeren Kollegen. Da kann ich nur empfehlen: Mehr Mut zur Lücke! Courage zur Blamage!

Trödeln oder die Unfähigkeit zur Entscheidung

Perfektionisten neigen zum Trödeln, weil sie anstrengende oder unangenehme Arbeiten ständig vor sich herschieben; sie haben nämlich Angst, ihre Aufgaben nur durchschnittlich zu erfüllen. Nach dem Motto »lieber keine als eine schlechte Arbeit« lassen sie sie bis zum Nimmerleinstag liegen und verteidigen so ihre Selbstachtung. Natürlich gibt es auch die echten Faulenzer, die sich vor der Arbeit drücken; diese sind aber nicht von hoher Erwartungshaltung getrieben, sondern von der Unfähigkeit, sich überhaupt zu fordern.

Wer seine Arbeit ständig wegschiebt, zu Verabredungen grundsätzlich zu spät kommt und Rechnungen kurz vor Ablauf der Frist zahlt, hat ein tieferliegendes seelisches Problem. Dieser Mensch hat zuwenig Zutrauen zu sich selbst; er erlebt sich als ängstlich, unorganisiert und antriebslos. Zugleich aber gibt er sich selbstsicher.

Das Trödeln halten manche für eine Form, mit Streß fertigzuwerden; allerdings ist es dafür ungeeignet, da es den Streß nur verschiebt und auf Dauer Schuldgefühle erzeugt.

Ein anderer Grund für das Trödeln kann möglicherweise auch in der Angst vor dem Erfolg liegen. Wer rascher und auch noch besser arbeitet als die anderen, muß mit Ablehnung und Neid rechnen oder wird mit dem Etikett des Strebers belegt. Wer die seelische Widerstandsfähigkeit für diese Situation nicht besitzt, wird sich also lieber vor dem Erfolg drücken. Außerdem wird der Chef von ihm weniger fordern, wenn er so langsam arbeitet; denn ein leerer Schreibtisch will sofort neu beladen werden. Wer rasch und gut ist, weckt im Chef Erwartungen. Und so hat der flotte Aktenbearbeiter nicht etwa mehr Zeit zum Entspannen, sondern noch mehr Arbeit. Er ist mit einem Weitspringer zu vergleichen, der die Leistung immer weiter schraubt, bis er eines Tages scheitern muß.

Die Lösung seines Problems liegt darin, daß er sein Selbstwertgefühl vom Erfolg abkoppeln muß. Solange er sein Ichgefühl von der Leistung her definiert, bewegt er sich in einem Teufelskreis. Außerdem muß er lernen, nein zu sagen und sich selber ein realistisches Ziel zu setzen. Er teilt sich seine Arbeit in kleine, überschaubare Portionen ein mit der Absicht, sie bis zu einem festgelegten Zeitpunkt zu erledigen. Wird er früher fertig, ist Zeit zum Entspannen.

Wer Angst vor Mißerfolgen hat, soll sich fragen: »Was ist das Schlimmste, was passieren könnte?« Und für diesen Fall kann er sich Strategien überlegen. Tatsächlich aber passiert in der Regel nicht das Schlimmste; nur die Phantasie gaukelt es vor. Deshalb kann es auch mitunter eine gute Regel sein:

> Wer ein schwaches Selbstwertgefühl hat, soll sich so verhalten, als *sei* er selbstsicher.

Niemand ist immer nur selbstsicher. Schon seit meiner Schulzeit habe ich oft so getan, als sei ich es. Ich wollte mir die

Unsicherheit nicht anmerken lassen und habe manches damit erreichen können. Später, als ich dann auf der Bühne schauspielerte, wurde uns gesagt, wir sollten Fehler und Versprecher so überzeugend bringen, als gehörten sie zum Spiel. »Wenn Sie schon einen Schnitzer machen, dann bitte mit Würde!« sagte der Regisseur.
Helmut Schmidt, der frühere Bundeskanzler, gestand einmal in einem TV-Interview, daß er so mancher sehr schwachen und wenig überzeugenden politischen Aussage zum Durchbruch verhalf, weil er sie im Brustton der vollen Überzeugung vortrug.
Finden Sie bei Ihren Mitarbeitern heraus, welcher Art die Trödelei ist, die einer an den Tag legt. Sprechen Sie mit ihm und helfen Sie ihm, seine Aufgaben in kleinere, überschaubare Zeitabschnitte aufzuteilen. Sagen Sie nie: »Ich erwarte von Ihnen saubere und optimale Arbeit. Haben Sie mich verstanden?« So etwas weckt Leistungsängste und kann die beste Motivation blockieren. Sagen Sie: »Lassen Sie sich nicht von irgendwelchen Ängsten irritieren. Bleiben Sie bitte realistisch im Hinblick auf Ihr Leistungsvermögen! Wenn Sie sich auf Ihre *Arbeit* konzentrieren, geht's leichter.«

Ausgeglichenheit durch positives Einreden: Autogenes Training

Wir alle reden uns ständig irgend etwas ein. Die einen sagen sich: »Ich kann das nicht, das schaffe ich nie!« und finden ihre negative Haltung immer wieder bestätigt, so daß sich ihre Meinung über die eigene Unfähigkeit wiederum verstärkt. Andere sehen in den aufkommenden Problemen Herausforderungen, denen sie sich stellen und die sie weitgehend meistern, weil sie denken: »Ich schaffe das schon irgendwie!«, was wiederum ihrer positiven Selbsteinschätzung

Nahrung gibt. Ursache beider Denkweisen sind Erziehungsfaktoren und Erfahrungen.
Wer sich nichts zutraut, weil ihm nie etwas zugetraut wurde, oder weil er aufgrund einer hormonellen Störung zu einer überhöhten Angstbereitschaft neigt, oder weil er sich an einer einzigen negativen Erfahrung festgebissen hat (Fixierung), scheut sich vor dem Wagnis des Neuen. Er redet sich permanent und oft unterbewußt ein, daß er dieses und jenes eben nicht könne, und basta.
Nun ist bekanntlich der Glaube des Wunders liebstes Kind. Wer also glaubt, er werde höchstwahrscheinlich in der bevorstehenden Prüfung versagen, rennt mit offenen Augen in die self-fulfilling prophecy, in die sich selbst erfüllende Prophezeiung und geht baden.

Ein Betriebspsychologe teilte dem Vorgesetzten von 25 Arbeitern mit, daß drei seiner Untergebenen im Hinblick auf eine bestimmte Tätigkeit besondere Qualitäten besäßen. Die drei Personen waren willkürlich ausgewählt und keineswegs besser als die anderen. Sie wußten nichts von ihrer Auswahl durch den Psychologen und dessen Information an den Vorgesetzten. Der aber behandelte diese drei Arbeiter von nun an mit einer gewissen positiven Erwartungshaltung, die auf sie übergriff.
Schon nach drei Wochen zeigten sich bei ihnen tatsächlich bessere Leistungen als bei den 22 anderen Mitarbeitern. Bei allen Betreffenden hat sich ein positives Denken eingeschlichen, das ihre Leistung beeinflußte.

Leider lassen wir uns allzuoft von negativen Gedanken bestimmen und beeinflussen so die eigene Stimmung wie auch die Motivation der Mitmenschen. Das Ergebnis fällt entsprechend aus. Ängste sind nun einmal schlechte Ratgeber.
Wie aber kann ich mein eigenes Verhalten günstig beeinflus-

sen? Zunächst einmal müssen die negativen Einflüsterungen erkannt werden: In welchen Bereichen denke ich destruktiv und selbstabwertend? Welche Erfahrung steckt dahinter? Es gibt nämlich eine Menge Lebenslügen, die meinen Erfolg zunichte machen und meine Fähigkeiten blockieren, zum Beispiel wenn ich immer wieder vorschnell denke:

Ich kann das nicht.
Mich mag keiner.
Ich muß perfekt sein.
Ich darf keine Schwäche zeigen.
Jetzt auf keinen Fall einen Patzer machen!
Das glaubt mir sowieso keiner.
Gott straft mich.
Was denken die Leute?
Ich habe mich unsterblich blamiert.
Das verzeiht mir keiner.

Es gibt auch die gegenteiligen Lügen, die in Richtung Selbstüberschätzung und Grenzenlosigkeit gehen; doch von denen möchte ich jetzt nicht sprechen. Nun ist bekannt, daß sich jede negative Regung im Körper niederschlagen kann. Ängste und Selbstwertkrisen führen zu hormonellen Über- oder Unterproduktionen, zu Alpträumen und zu gehäuften Fehlleistungen wie vergessen, versprechen, verhören und verschreiben, verlegen und vergreifen.
Organe zeigen funktionelle Störungen: Der Kreislauf wird irritiert, die Haut schlägt aus, der Blutdruck geht hoch oder sackt ab, der Magen reagiert sauer, der Enddarm macht dicht, der Kopf schmerzt. Höchste Zeit, etwas zu tun. Und da hatte der französische Apotheker Coué den Einfall, das Denken durch gezieltes, systematisches Training in die positive Richtung zu lenken, um so auch den ganzen Organismus zu entspannen und ein stabiles Selbstwertgefühl zu erreichen:

Denke immer und immer wieder: Es geht mir von Tag zu Tag in jeder Hinsicht besser und besser.

Diese Grundformel setzt sich durch, wenn sie konsequent und im Zustand geistig-körperlicher Entspannung geübt wird. Die psychosomatische Entspannung kann relativ rasch erlernt werden mittels sogenannter Vorsatzformeln, also gedanklicher Einbildungen:

1. Die Arme und Beine sind angenehm müde und schwer.
2. Die Hände und Füße sind strömend warm und gut durchblutet.
3. Der Magen ist angenehm warm und weit.
4. Der Atem geht ruhig und rhythmisch.
5. Der Puls schlägt ruhig und regelmäßig.
6. Der Kopf ist entspannt und leicht, die Stirn angenehm kühl.

Um einen raschen und dauerhaften Erfolg zu erzielen, ist es angeraten, täglich wenigstens zehn Minuten lang sitzend oder liegend diese autosuggestive Entspannung zu üben. Die Teilnahme an einem Kurs, zum Beispiel an der Volkshochschule, ist zu empfehlen. Wer dann immer noch Probleme hat, kann sich im Handel eine Kassette besorgen, auf der alle Formeln mit musikalischer Untermalung gesprochen sind.
Nun meinen manche Leute, eine solche Suggestion sei fragwürdig, wenn nicht sogar gefährlich, und müsse von christlich denkenden Menschen abgelehnt werden. Das halte ich für überzogen; denn hier soll weder ein Trance-Zustand erreicht noch irgendeine Abhängigkeit angestrebt werden. Im Gegenteil: Das konstruktive, kreative und aufbauende Denken ist ein Teil der Lehre Jesu. Seine Aussage: »Was immer

ihr glaubt, möge euch geschehen« ist durchaus in diesem Sinn zu verstehen. Wer immer wieder sein Denken in die positive Richtung bringt, gelangt zu einer besseren Entspannung des sympathischen Nervensystems, zu einer größeren Konfliktfähigkeit. Gott hat uns den Geist gegeben, damit wir ihn in seinem Sinn gebrauchen sollen. Vielleicht können sich die Skeptiker des Autogenen Trainings mit den folgenden Vorsatzbildungen eher anfreunden:

Mit jedem Atemzug lasse ich mich in die Hand Gottes fallen.
Ich denke versöhnlich und gelassen.
Die Liebe Gottes erfüllt mich mit Wärme und Ruhe.
Ich bin von Tag zu Tag dankbarer; Gott will mich gebrauchen.
Angst ist gleichgültig. Vertrauen breitet sich aus.

Der Geist wird immer etwas denken. Und wenn wir ihm nichts vorgeben, wird er sich mit den augenblicklichen Beliebigkeiten beschäftigen. Auf diese Weise wird er zerstreut. Schon die alten Mönchsväter wußten, daß der Geist sich in das verwandelt, womit er sich beschäftigt. Daher ist die Auswahl unserer Gedanken eine wichtige Aufgabe des geistlichen Lebens.
Wer von anderen nichts hält, wird schwerlich eine positive Ausstrahlung haben. Wer von sich selber nichts hält, ist mindestens genauso destruktiv.

Wer sich schlecht macht, erwartet von anderen dafür eine Entschädigung in Form von Zuwendung und Lob. Er betreibt fishing for compliments.

Zu viele Menschen leben unversöhnt und verbittert vor sich hin, weil sie alte Demütigungen nicht vergeben können, weil sie überall Angriffe wittern und ihre Umwelt als feindlich betrachten. Krampfhaft versuchen sie, ihren persönlichen Wert zu erhöhen durch übertriebenen Ehrgeiz, durch erfundene Geschichten oder durch dominantes Verhalten auf irgendeinem Gebiet. Deshalb ist es notwendig, jedem negativen Gedanken sofort einen positiven entgegenzusetzen; es stünde uns gut an, wenn wir zum Beispiel über jeden, der uns aufregt, ein stilles Segensgebet sprechen würden. Das bedarf der Übung, bis es sozusagen ganz von selber, eben autogen, gelingt.

Natürlich lassen sich nun nicht alle negativen Regungen aus der Welt schaffen. Und allzuoft bleibt uns nichts anderes übrig, als sie zu registrieren und dann zur Tagesordnung überzugehen. Zwanghaftes Vertreiben ist schädlich, weil sie immer wieder kommen. Möglicherweise verbirgt sich hinter der Wiederkehr gewisser Gedanken ein unverarbeiteter Konflikt. Hier wäre mit psychologischer oder geistlicher Hilfe eine Bewußtmachung notwendig. Denn keiner schafft es, auch nur zehn Sekunden lang nicht an ein grünes Kamel zu denken. Versuchen Sie es einmal! Genau das aber versuchen die zwanghaften Menschen immer wieder: etwas auf keinen Fall tun oder denken zu wollen.

Einen negativen Gedanken können Sie am ehesten zur Ruhe bringen, wenn Sie denken: »Ich habe nichts mit dir zu tun. Verschwinde, es gibt ab heute keinen Raum für dich.« Vergessen wir nicht die aufschlußreiche Aussage Jesu:

> Was immer einer glaubt, möge ihm geschehen.

Ist Streß frühzeitig erkennbar?

Ja. Bis auf eine Ausnahme: Der Workaholiker, also der Arbeitssüchtige, merkt jahrelang nichts von seiner ungesunden Lebensweise. Die Begeisterung an seiner Arbeit macht ihn blind. Der Zusammenbruch kann plötzlich kommen, ohne besondere Vorwarnungen. Sucht ist nicht immer sofort erkennbar, sie wird gern überspielt und mit vernünftigen Argumenten hochgehalten. Zuerst merken es die Verwandten und Freunde; doch ihre Warnungen werden in den Wind geschlagen, weil subjektive Beschwerden fehlen. Jedes Zuviel an Arbeit und jedes Zuwenig an Schlaf ist verdächtig. Gehört der Betreffende zum sogenannten Erfolgstyp, ist er stark erfolgsorientiert, dabei aber weitgehend auch entspannungsfähig, so ist er weniger streßanfällig. Zählt er zu den Übererregungstypen, so ist er bei hoher Erfolgsorientierung zugleich sehr streßanfällig. Bei ihm stehen die Herz-Kreislauf-Störungen im Vordergrund. Wer geringfügig am Erfolg orientiert ist, also keinerlei Ehrgeiz zeigt, hat einen niedrigen Streßpegel; er neigt aber zu Hautkrankheiten, vielleicht deshalb, weil er irgendwie nicht aus seiner Haut kann. Am schlimmsten kommt der ausgeprägte Streßtyp weg: wenig erfolgsorientiert, aber sehr störungsanfällig, neigt er zu vegetativer Dystonie und Magen-Darm-Erkrankungen. Er betrachtet Herausforderungen nicht positiv und kann Angst und Anspannungen infolge zu geringer Energie nicht auffangen. Man findet diesen Menschen unter den ängstlichen Melancholikern.

Der gesunde Erfolgstyp weist genügend Selbstkontrolle auf, kann delegieren und dann auch die nicht so gelungenen Arbeitseinsätze gelassen hinnehmen. Er macht daraus kein Theater, indem er sich oder die anderen für unfähig erklärt, herumbrüllt oder Sanktionen verteilt. Er gehört eher zu den gelassenen Sanguinikern. Nach Untersuchungen des Karlsruher Instituts für Arbeits- und Sozialhygiene gehören 29,7 %

der Befragten (6000 Führungskräfte wurden befragt) zu diesen positiven Streßtypen. Streß ist nicht immer negativ zu verstehen (sogenannter Distreß); er kann sogar lebenswichtig sein (Eustreß). Der Begriff stammt aus der Metallindustrie, die ihre Produkte zur Qualitätsprüfung einem starken Druck aussetzt. Im menschlichen Körper erzeugt ein seelischer Druck verschiedene Hormone, zum Beispiel Adrenalin und Noradrenalin. Dabei entstehen Fett und Zucker in den Muskeln und verbessern deren Reaktionsfähigkeit.

Ein Mensch ohne jede Anforderung würde seelisch und körperlich verkümmern. Auch braucht er ein Ziel, einen Sinn für seine Tätigkeit, sonst wird jede Aufgabe zu einer tödlichen Belastung. Denn schon Nietzsche hat erkannt:

> Wer ein Warum zu leben hat, erträgt fast jedes Wie.

Viele Arbeitnehmer, die keinen Sinn in ihrer Tätigkeit finden und zugleich das Gefühl haben, nicht gebraucht und gefragt zu sein, erkranken häufiger, bleiben schließlich weg oder verfallen in die unterschiedlichsten Süchte. Sie reagieren aggressiv oder depressiv, auf jeden Fall aber unangepaßt. Auch eine Unterforderung (etwa bei Überqualifizierten) kann zu solchen Symptomen führen.

Am besten ist immer noch eine Psychohygiene, die alle Lebensbereiche verbindet, also körperliches Fitsein, seelische Belastbarkeit, geistige Beweglichkeit, befriedigende Sozialbeziehungen, positive Arbeitseinstellung und ein versöhntes Leben mit Gott und der Welt.

Sobald in einem Bereich auf Dauer etwas nicht mehr stimmt, protestiert der körperliche Organismus durch funktionelle Beschwerden, die Seele durch Fehlanpassung, der Geist durch Fehlleistungen.

Körperlich: Erhöhte Milchsäure im Blut, dadurch kommt es zu Gefäßverengungen. Hormonmangel oder -überschuß je nach Gefühlslage oder vererbten Dispositionen. Der eine bekommt jetzt seine Migräneattacken, der andere seinen Magendruck; wieder andere haben lediglich Schlafstörungen oder Blutdruckschwankungen. Im Grunde kann alles streßbedingt sein: Wem eine Laus über die Leber läuft, der neigt vielleicht zu überhöhten Leberwerten; wer die Nase voll hat, kriegt möglicherweise einen chronischen Schnupfen; wo der Ärger auf den Magen schlägt, stellt sich bald ein Magengeschwür ein. Wer nichts hergeben will, weil er Angst hat vor den Folgen, leidet an Verstopfung; wer sich zuviel aufhalsen läßt, weil er nicht nein sagen kann, klagt über Schmerzen im Hals-Nacken-Bereich, zugleich wagt er es nicht, seinem Chef mal die Meinung zu sagen, und deutet seinen unterdrückten Protest lediglich mit einem verschlüsselten Husten und Räuspern an. Der Körper lügt nicht; er sagt die Wahrheit auf seine Weise. Es ist also klug, auf ihn zu hören und immer wieder vorkommende Beschwerden ernst zu nehmen.

Seelisch: Frau Winkelbauer ist ständig am Nörgeln. Nichts paßt ihr. Niemand kann es ihr recht machen. Schon ihr Erscheinen am Arbeitsplatz weckt in den anderen ungute Gefühle. – Ein Schüler hat am Lehrer und an dem, was dieser sagt, immer etwas auszusetzen. Nie ist er zufrieden. Er nervt auch seine Mitschüler. – Ein Kellner fällt den Gästen dadurch auf, daß er sehr ruppig bedient, die Küche kritisiert und unverhohlen vor den Gästen seinem Unmut Luft macht.

Allen ist gemeinsam, daß sie leiden. Woran aber? Der geschulte Chef und Menschenkenner weiß, daß diese unzufriedenen Zeitgenossen an sich selber leiden. Es ist aber auch möglich, daß alle drei unter einem enormen Streß stehen, daß sie falsch eingesetzt sind. Dann wäre ein Gespräch angezeigt und womöglich ein anderer Einsatz. Kritikaster sind jedoch im allgemeinen frustrierte Leute, die nach Zuwendung heischen, auffallen wollen und mit ihren Überreaktionen Aufmerksamkeit erbetteln. Während sie es auf eine lautstarke Weise tun, probiert es das Mauerblümchen und Aschenputtel auf ganz stille Weise. Und stille Wasser gründen tief. Ihre genierte Verschämtheit macht neugierig; man möchte gern wissen, was sie denken und wollen. Doch aus Angst vor Ablehnung und vor Fehlern bleiben sie lieber im Hintergrund. Nicht immer ist erkennbar, ob sie nur gehemmt sind oder depressiv. Sie sollten angesprochen und ihren Fähigkeiten entsprechend eingesetzt werden, wobei sie für jedes Erfolgserlebnis dankbar sind. Sie brauchen Ermunterung und Zuspruch und die Erfahrung, daß ihre Fehler nicht Anlaß für ein Gezeter sind.

Geistig: Streß ist erkennbar an den gehäuften Fehlleistungen. Das sind unbewußte Ausrutscher im Reden und Handeln, die unsere wahren Gedanken und Bedürfnisse aufdecken. Wenn jemand immer wieder bestimmte Termine vergißt (beim Zahnarzt, beim Chef), so verrät er damit seine Unlust oder seinen Widerwillen. Irgend etwas stört ihn an diesem Termin, so daß er ihn verdrängt. Wer ständig seine Brille verlegt, mag sie nicht. Wer regelmäßig eine Minute zu spät kommt, zeigt damit an, daß er entweder am liebsten gar nicht käme oder für kurze Zeit im Mittelpunkt der schon Anwesenden sein möchte. Ein peinlicher Versprecher ist einem Freund von mir unterlaufen. Als seine Ehefrau ihm vorschlug, einer Bekannten zum Geburtstag eine Rauch-Tisch-Lampe zu schenken, verstand er »raucht die Schlampe«. Dieses Mißverständnis ist nur zu erklären mit seinem negativen Verhältnis zu jener Bekannten. Außerordentlich verräterisch war der Versprecher eines Gastgebers, der aus beruflichen Gründen einen wenig geliebten Kollegen zum Abendessen einlud. Beim zu frühen Eintreffen dieses Kollegen begrüßte er ihn mit den Worten:

»Schade, daß Sie schon da sind.« Er wollte natürlich sagen: Schön, daß Sie schon da sind. Bleibt noch zu fragen, weshalb denn der Kollege viel zu früh kam.
Streß ist vielschichtig, vieldeutig und in seinen Symptomen vielseitig. Er muß nicht immer dort verursacht sein, wo er zutage tritt. Viele Menschen, deren Privatleben chaotisch ist, leben zu Hause angepaßt und unauffällig, außer Haus und am Arbeitsplatz hingegen auffällig. Das geht auch umgekehrt. Häufigster Grund für diesen Verhaltenswechsel ist die Angst. Ein Chef, der unter dem Pantoffel seiner Frau steht und zu Hause nicht aufmuckt, wird jenes häusliche Schweigen im Betrieb durch ein »starkes Auftreten« kompensieren. Wer sich immer wieder angegriffen und mißverstanden fühlt, weil er von seinen Eltern immer wieder angegriffen und mißverstanden wurde, wird alle Menschen in diesem verzerrten Blickwinkel betrachten und geradezu die gefürchteten Angriffe provozieren. Er steht unter Dauerstreß, dessen Ursache er bei den anderen sieht. Es gilt aber meistens die Erkenntnis:

> Nicht die anderen und nicht die Umstände machen mich krank, sondern mein falsches Denken über die anderen und über die Umstände.

Um den Alltagsstreß abzubauen, muß erst einmal die Ursache erkannt werden. Über- und Unterforderung, keine Erfolgserlebnisse, steter Termindruck ohne genügend Freiraum zum Schieben, mangelhafte körperliche Bewegung, Sinnverlust, Selbstablehnung, Gefälligkeit und Perfektionismus sind typische Stressoren.
Ständige Störungen am Arbeitsplatz, fehlerhafte Informationen, technische Probleme am Computer, Kopierer oder Fax-

gerät führen zu psychischen Belastungen. Weisungsgebundene Beschäftigte sind besonders streßanfällig, weil sie nur »fremdgesteuert« arbeiten.
Des weiteren fällt auf, daß Streit meist zu bestimmten Zeiten aufkommt, nämlich beim Heimkommen von der Arbeit. Hier ist es klug, zuerst etwas anderes zu tun, bevor man den Partner begrüßt: ein kleiner Spaziergang, ein Blick in die Post, ein Kaugummi. Begrüßen Sie dann mit ungeteilter Aufmerksamkeit Ihren Mann oder Ihre Frau.
Halten Sie sich ein Haustier, sofern Sie Tiere mögen. Es ist ein hervorragender Streßkiller. Schmusen, Kraulen und Gassigehen lassen rasch den Ärger verfliegen. Wichtig ist eine streßfreie Zone zu Hause; sie dient der Muße, nicht irgendeiner Arbeit. Ich rate Ihnen auch ab, Akten und Arbeitsunterlagen vom Büro mit nach Hause zu nehmen. Lehrer und Freiberufler sollten nicht dem Fehler verfallen, ein und denselben Tisch zum Essen, zum Arbeiten und zum Werkeln zu benutzen. Strenge Trennung der Bereiche ermöglicht ein konzentrierteres Arbeiten. Nichts, was nicht direkt mit der anstehenden Arbeit zu tun hat, darf herumliegen. Wer vor dem Computer ein Buch liest, dazwischen noch ein Brot ißt und anschließend wichtige Akten durchschaut, tut sich keinen Gefallen. Er wird abgelenkt, braucht unnötig viel Zeit zum Einarbeiten und verfällt immer wieder ins Tagträumen.
Das beste Heilmittel gegen Streß ist eine gelingende Partnerschaft. Ledige Menschen brauchen gute Freunde. Ich rate jedem zur Pflege sozialer Beziehungen, zum öfteren gemeinsamen Essen, zu gemeinsamen Freizeitunternehmungen und zu einem Hobby. Wer sich nicht rechtzeitig um diese Lebensqualität bemüht, wird mit zunehmendem Alter und erst recht mit Beginn der Pension bzw. Rente unter diesen Mängeln bitter leiden. Der Beruf darf nicht das gesamte Leben ausfüllen; sonst ist die Altersdepression vorprogrammiert. Ich erfahre aber auch immer wieder, daß junge Erwachsene, die nichts

können und kennen als ihren Broterwerb und neben ihrem Beruf nur den Partner oder die Partnerin haben, nach Verlust der Arbeit und des Partners ziellos durchs Leben gehen, dahinkränkeln und vereinsamen. In meiner Praxis finde ich eher jene Menschen, die in der Schule sehr gut waren, sonst aber keine Kreativitäten pflegten, die angepaßt leben und doch nicht leben, während es auffällt, daß diejenigen, die gerade noch das Schulziel erreichten und vielleicht etliche Male sitzenblieben, im Leben später erstaunliche Leistungen erbrachten und auch frustrationsfähiger waren.
Das ist ähnlich mit der Handschrift. Als Graphologe weiß ich, daß schöne, leserliche, angepaßte Schriften auf geraden Zeilen mitunter problematischer sind als die unleserlichen, keineswegs genormten und an die Zeilen angepaßten Buchstaben. Während die einen mühelos zu lesen sind, aber auch langweilig und ideenlos wirken, verraten die anderen, daß der Schreiber Mut zur Originalität und Dynamik besitzt auf die Gefahr hin, als undurchschaubar und eigensinnig zu gelten. Doch wer das Leben wagt, letztlich im Vertrauen auf Gott, legt keinen Wert darauf, von allen unterschiedslos geliebt und verstanden zu werden. Er gehört zu jenen Menschen, die konfliktfähig sind, nein sagen können, Neues wagen, auch wenn sich ein Mißerfolg nicht ausschließen läßt, und Streß in erstaunlichem Umfang schadlos hinzunehmen vermögen.
Der kluge Chef wird sich solche Angestellten wünschen. Er wird eine Anstellung nicht von den Zeugnisnoten abhängig machen, da diese keine Auskunft geben über Tüchtigkeit, Ideenreichtum, kommunikative Fähigkeit und Konfliktfähigkeit. Er wird im persönlichen Gespräch, im intuitiven Erfassen seines Gegenübers, vielleicht noch in einem für seinen Betrieb zugeschnittenen Test und zusätzlich in der graphologischen Analyse den Bewerber einschätzen. Gutes Aussehen und höfliche Umgangsformen mögen für manche Branchen

ausreichen; für kreative, innovative und originelle Betriebe sind andere Eigenschaften wichtig. Lieber häßlich intelligent als schön dumm.

Krise oder Chance der Lebensmitte?

Sind Sie schon vierzig Jahre alt? Wenn nicht, werden Sie wahrscheinlich auf dieses Alter hinarbeiten, das heißt Karriere machen und den Zenit Ihrer Leistungen erreichen wollen. Wenn Sie es schon lange sind, kann es sein, daß Sie zurückblicken und mit fünfzig noch vierzig sein wollen. Das hat das Max-Planck-Institut für Psychiatrie herausgefunden. Alle Männer wollen vierzig Jahre alt sein und bleiben.

Gleichzeitig hört man immer wieder von der Krise der Lebensmitte. Doch es gibt sie nicht, jedenfalls nicht zwangsläufig; denn es gibt in der Tat keinen Zusammenhang zwischen Alter und Streß. Lediglich können mit zunehmendem Alter Leistungsfähigkeit, Geselligkeit, Besitzstreben und Optimismus abnehmen, wogegen Schlafstörungen und Passivität häufig zunehmen.

Wir haben es mit drei verschiedenen Altern zu tun: das psychische Alter (wie alt fühle ich mich und wie schätzen mich die Mitmenschen ein?), das physische Alter (Geburtsdatum) und das biologische Alter (wie gesund bin ich, was sagt der medizinische Befund?). Das Institut fand nun heraus, daß Männer um 25 Jahre so tun, als ob sie schon zehn Jahre älter wären, und ältere Herrschaften sich entsprechend am jüngeren Alter orientieren. Hier dürfte der Jugendkult eine große Rolle spielen.

Wenn nun um die vierzig herum eine Krise eintritt, dann nicht wegen des Alters an sich, sondern wegen der abnehmenden Zukunftsperspektive. Wer stellt heute schon jemanden an, der auf die fünfzig zugeht? Dabei könnte die Firma, die mutig

und auch schlau genug ist, ältere Bürger einzustellen, in der Berufs- und Lebenserfahrung der Betreffenden einen immensen Vorteil haben. So aber führt der Jugendkult zu einem Rentnerschock.
Umgekehrt müssen wir alle lernen, mit zunehmendem Alter Aufgaben und Kompetenzbereiche abzugeben und Verluste auch als Chancen zu sehen. Nichts ist ja so schwer wie das Loslassen liebgewordener Gewohnheiten und Bindungen. Jetzt bieten sich noch ungelebte Lebensmöglichkeiten. Wer früh schon auf die späten Jahre hinarbeitet, beispielsweise Hobbies pflegt, Freundschaften aufbaut, sich sportlich betätigt und gesund lebt, muß angesichts der nahenden Rente oder Pension keine Ängste entwickeln. Er kann wie Ernst Jünger mit 100 Jahren noch seine Rosen züchten, wie der greise Papst durch die Welt jetten, wie Karl Hörmann mit 80 Jahren noch Gymnastikunterricht geben.
Gewiß, der stete Blick zurück in Trauer und Sehnsucht vermiest die Lebensqualität. Zu viele leben wehmütig im Gestern und angstvoll im Übermorgen. Sie verpassen die Gegenwart und bekommen eines Tages das Gefühl, etwas versäumt zu haben. War's das schon? Und dann hauen sie noch einmal so richtig auf die Pauke, treten auf wie junge Juppies und wirken in ihrer gewollten Jugendlichkeit geradezu peinlich.

Leid entsteht durch das Verliebtsein in das Vergängliche.

Jedes Alter hat seine Chance. Und mit jedem Geburtstag muß ich etwas abgeben: Illusionen, überhöhte Erwartungen, ein Stück von mir selbst. Erstaunlich viele Geschäfts- und Amtsinhaber kleben an ihrem Sessel; ihre Nachfolger kommen nicht zum Zug. Spielen hierbei pekuniäre Verlustängste eine Rolle oder Machtgelüste oder etwa die späte Einsicht: Wenn

ich diesen Job aufgebe, bleibt mir nichts mehr, um meinem Leben einen Sinn zu geben? Oder findet sich tatsächlich kein geeigneter Nachfolger? (Wer bestimmt die Eignung?)
In den letzten Jahren haben honorige Firmen Pleite gemacht, auch deshalb, weil das Management veraltet war. Überforderung, Kompetenzverfilzung und undurchsichtige Kommunikationsabläufe haben das Arbeitsklima verdorben. Verkalkte und unbelehrbare Vorgesetzte oder Betriebsräte blockierten jede Bemühung zur Erneuerung und schimpften auf die Besserwisser in der jüngeren Generation, die es tatsächlich manchmal besser wissen. Das Resultat war nicht etwa eine Palastrevolution, sondern ein allgemeines Ausbrennen: das Burn-out-Syndrom.
Wer an seiner Arbeit keinen Spaß mehr findet und die Mitmenschen, Kollegen und Kunden nur noch aggressiv behandelt, leidet an diesem Erschöpfungssyndrom. Es kann in jedem Alter auftreten. Ursache kann eine jahrelange Unter- oder Überforderung sein; aber auch fehlendes Selbstvertrauen und unklar definierte Zielvorstellungen bereiten dieser Krise den Boden.
Patienten, die sich selber zu den Ausgebrannten rechnen, sind resignierte, deprimierte und unruhige Menschen, sie sind demoralisiert. Entweder waren ihre Ziele illusorisch hochgesteckt oder ihre Fähigkeiten überschätzt. Ihnen fehlt der Mut zum Mittelmaß, auch die Fähigkeit zum Neinsagen. Manchmal war der Beruf falsch gewählt, manchmal kamen neue, unerträgliche Umstände hinzu. Nicht immer ist das Denken falsch.
In der Kindheit vieler Burn-out-Klienten finden sich auffallend viele Kränkungen durch entmutigende oder überfordernde Eltern. Da mußte die Zuwendung mit Anpassung und Leistung verdient werden. Unabhängig davon kann es heute jeden erwischen, der nicht gelernt hat, sich abzugrenzen und Konflikte auszuhalten.

Der Prophet Elias erlitt eine Phase der Resignation (1. Könige 19), in der er sich den Tod wünschte, weil die Erfolge plötzlich wegblieben. »Nimm mein Leben, denn ich bin nicht besser als meine Väter!« Elias war erfolgsverwöhnt, vielleicht auch ehrgeizig, und fiel in Trauer, als man ihm nach dem Leben trachtete.

Wer alles bekommt, was er will, dem bekommt nicht alles, was er bekommt.

Man könnte sagen: Verwöhnte Menschen, denen der Erfolg nur so zufällt oder die aufgrund eigener Leistungen und glücklicher Umstände nie Mißerfolge erleiden mußten, sind nicht fähig, Frustrationen auszuhalten. Es ist ein Unglück, nie Unglück gehabt zu haben. Der geistlich orientierte Mensch, oder anders ausgedrückt: der betende Manager übt sich im Gottvertrauen und bleibt auch im Mittelmaß oder in der Not einer, der seinem Gott dankt. Denn Dankbarkeit und die Gewißheit, alles letztlich von Gott zu haben, schützt vor destruktiven Reaktionen. Möglicherweise läßt Gott aus diesem Grund das Leid zu: damit wir lernen, uns ihm anzuvertrauen, und neue Lebensqualitäten suchen. Nur Bäume, die schon im jungen Stadium von den Stürmen hin und hergeschüttelt werden, entwickeln tiefgreifende Wurzeln, um standfest zu bleiben, und eine enorme Elastizität, um nicht zu brechen.

Hier die Warnsymptome eines kommenden Ausbrennens:
Starkes Engagement für alles mögliche, nur nicht für Freunde, Familie und für sich selber.
Erschöpfung und Müdigkeit.
Schwierigkeiten, anderen zuzuhören.
Abkapselung und Distanz auch innerhalb des Betriebs.
Widerwillen und Überdruß.

Fehlleistungen und ständiges Auf-die-Uhr-Schauen.
Familiäre Konflikte und Partnerprobleme.

Symptome einer akuten Burn-out-Situation:
Depression und Schuldgefühle.
Ohnmachtsgefühle und Gefühl von Leere.
Chronisches Nörgeln und Aggressionen.
Entscheidungsunfähigkeit und Gleichgültigkeit.
Langeweile und Aufgeben von Hobbies.
Psychosomatische Störungen aller Art.
Selbstmordabsichten.

Und wie läßt sich die Lebensqualität erhalten bzw. wieder zurückgewinnen?
Wer zum Perfektionismus oder zur Arbeitssucht neigt, muß lernen, von seinem verinnerlichten Karrieredenken und Imagepflegen Abschied zu nehmen. Außerdem sollte er überprüfen, ob ihm Hektik und der Hang zur Gefälligkeit (nicht nein sagen können) zu eigen sind. Während meiner Zeit als Oberstudienrat hätte ich mit etwas mehr Ehrgeiz problemlos die Stelle als Studiendirektor besetzen können. Das hätte mir ein höheres Gehalt eingebracht, aber auch eine größere Verpflichtung, mehr Verwaltungskram, mehr Konferenzen und mehr Anwesenheitspflichten. Mit anderen Worten: Je höher der Aufstieg, desto geringer die produktiven und kreativen Arbeiten. Diesen Preis zu zahlen war ich nicht bereit. Schon als Schüler waren mir möglichst viele und kreative Freizeitgestaltungen lieber als möglichst gute Noten; und so betätigte ich mich als Grafiker unserer Schülerzeitung, bastelte Theaterkulissen, textete kabarettistische Einlagen, spielte Klavier, vertonte Lichtbildserien, trat als Sänger bei verschiedenen Konzerten auf und erlernte das Hobby der Illusionskunst (Zaubern, Bauchreden). Dafür zahlte ich den Preis mehrfachen Sitzenbleibens. Das war es mir wert. Ich arbeite, um zu leben. Nicht umgekehrt.

Wenn Sie keinen inneren Frieden mehr haben und nur noch Unruhe und Angst verspüren, wird es Zeit für eine Kurskorrektur: Arbeitsplatzwechsel, Umschulung, Versetzung, neue Arrangements innerhalb des Betriebes. Bei älteren Menschen kann ein vorzeitiger Ruhestand oder die Reduzierung der Arbeitszeiten sehr empfehlenswert sein, vorausgesetzt, sie vergehen nicht vor Langeweile. Als es für mich unerträglich wurde, gab ich meine Tätigkeit als Lehrer auf und konzentrierte mich auf die Praxis als ausgebildeter Psychotherapeut. Von meinen Studien her hatte ich mehrere Eisen im Feuer, so daß ich es mir leisten konnte, aus dem Schuldienst auszusteigen. Die meisten können es nicht; doch können sie innerhalb ihrer begrenzten Möglichkeiten im allgemeinen mehr als sie wissen oder sich zutrauen. Denn eines gehört allemal zur Veränderung der Lage: Genugend Mut zum Loslassen und eine Prise Gottvertrauen.

Über die Angst und ihre Masken

Angst zu haben, ist nicht schlimm. Sie verstecken und nicht wahrhaben zu wollen, macht sie doppelt so groß; denn dann kommt noch die Angst vor der Blamage hinzu. Wer stark und angstfrei wirken will, benötigt viel Energie; außerdem unterlaufen ihm eine Menge Fehler. Ängstliche Menschen fühlen sich von ihren tausend Angstphantasien beherrscht und leiden unsäglich darunter, nicht so zu können wie sie wollen. Sie durchschauen oftmals nicht die Lüge, die hinter der Angst steckt, zum Beispiel die Lüge: Wenn ich jetzt etwas falsch mache, werde ich ausgelacht. Und wenn ich ausgelacht werde, fühle ich mich abgelehnt. Und Ablehnung ist das Schlimmste für mich. Also muß ich mich entweder besonders anstrengen, um meine Sache fehlerfrei zu machen, oder ich mache sie erst gar nicht.

Der normale, konfliktfähige Mensch kennt zwar auch die Versagensangst, nimmt sie aber nicht so wichtig; er betrachtet das Problem als Herausforderung und ist keineswegs im Selbstwert zerstört, wenn etwas schiefgeht. Sollte ihn der Chef oder sonst einer deshalb in übertriebener oder gar ungerechtfertigter Weise zur Rechenschaft ziehen, so weiß er sich zu wehren.

Jeder hat das Recht, Fehler machen zu dürfen. Niemand muß besser sein als der andere.

Wer vom Leben eine Ahnung hat, braucht nicht alles zu wissen. Ein Vorgesetzter aber, der seine Leute unter Druck setzt, erzeugt Angst und somit eine denkbare ungünstige Bedingung zum entspannten, erfolgreichen Arbeiten. Wahrscheinlich hat er selber Angst und gibt sie weiter, um sich von ihr zu befreien. Die alte Managerschule, die der Meinung war und es immer noch ist, daß man nur mit Direktiven, Druck und überraschenden Kontrollen zum Erfolg komme, ist längst überholt. Diese Methoden haben wesentlich zur Verschlechterung des Arbeitsklimas beigetragen, Ellbogentaktik und Mobbing gefördert und die Arbeitsausfälle durch Krankheit in die Höhe getrieben. Inzwischen weiß man längst, daß Partnerschaftlichkeit, Teamgeist, Freiraum und Rückfragen (zum Beispiel nach dem persönlichen Befinden, nach dem Fortschritt in der Arbeit, nach bestehenden Unklarheiten) den Arbeitsprozeß erleichtern, die Offenheit untereinander fördern und das Betriebsklima freundlicher stimmen.
Doch diffuse Ängste vor Gesichtsverlust und Autoritätsschwund verführen immer noch zu der Annahme, man müsse ein allzu persönliches Klima meiden, dürfe keinen Einblick in die Privatsphäre gewähren und habe sich stets in einer funktionalen und somit neutralen Rolle zu bewegen.

Da wird zum Beispiel einer Mitarbeiterin verboten, auf ihrem Schreibtisch ein Foto von ihrer Familie aufzustellen. Ein anderer wird »höflichst ersucht, im Interesse der Firma« (??) einen sinnigen Spruch von der Wand zu entfernen, und ein Schüler muß froh sein, daß er nicht von der Schule fliegt, weil er eine Lehrperson geduzt hat. Welche Angst müssen diejenigen haben, die so reagieren! Mit Sicherheit haben sie keinen Humor.

Es gibt sehr geschickte Verhaltensweisen zur Maskierung der Angst. Autoritär auftretende Personen betonen zwar immer die Wichtigkeit von Führung und konsequentem Durchgreifen, handeln aber tatsächlich mehr aus Angst vor einem Mangel an Durchsetzungsvermögen. Oder ihr schwaches Ichgefühl erlaubt es ihnen nicht, weich zu werden, flexibel zu reagieren; die anderen und sie selber könnten der Ansicht sein, ein solches Verhalten sei Ausdruck fehlender Charakterstärke. Überhaupt scheint es mir ein unehrliches Gebaren zu sein, wenn man Sturheit mit Konsequenz, Verlogenheit mit Diplomatie, Gefühlskälte mit Objektivität und Gleichgültigkeit mit Toleranz verwechselt.

Wer seine eigenen Schwächen nicht wahrhaben will, läuft Gefahr, sie bei anderen zu suchen und dann auch zu kritisieren. Umgekehrt wird er Kritik von Kollegen oder Untergebenen abschmettern, weil er glaubt, jedwede Annahme von Kritik ließe ihn sein Gesicht verlieren. Wer so denkt, hat es längst verloren.

Wer etwas gegen den Willen der anderen durchboxen und erreichen will, wird es vielleicht mit regressiven Mitteln versuchen, das heißt mit dem Hinweis auf die schlimmen Kopfschmerzen (Heischen nach Mitleid), durch Schmollen und Schweigen (Erpressen durch Funkstille), durch vage Andeutung von Konsequenzen und im extremen Fall durch Androhung von Selbstmord (Erzeugung von Angst). Ein guter Menschenführer greift niemals zu solchen Mitteln.

Angst wird gern auch mit aggressivem Auftreten kaschiert. Während der Depressive zum Verneiner des eigenen Lebens wird, verneint der Aggressive das Leben und die Rechte anderer. Er schreit, tobt, macht Angst, weil er sie selber hat. Offenbar hat er schon früh gelernt, daß solche Auftritte ihre Wirkung zeigen. Auf Dauer allerdings handelt er sich schlimme psychosomatische Störungen ein.

Ganz typisch sind Verschlüsselungen in der Kommunikation. Statt die wahren Gefühle auszudrücken (»bitte hört jetzt auf damit, mir brummt schon der Schädel«), bedient man sich der Ironie (»macht nur so weiter«), der Schuldzuweisung (»ins Grab bringt ihr mich noch«), der Intrige (»jetzt verstehe ich erst, weshalb Ihr Kollege mich vor Ihnen gewarnt hat«), der Unterstellung (»geben Sie doch zu, daß Sie bloß neidisch sind«) usw.

Die Angst verbirgt sich hinter vielen Masken. Ein junger Mann hat es einmal so formuliert:

> Wer Angst hat, macht oft das Gegenteil dessen, was er will. Er schlägt nach dem, was er eigentlich ersehnt.

Da steht die Beförderung von Frau Schmollinger-Hofnagel an; seit Wochen zittert sie diesem Tag entgegen. Sie hat Angst, den neuen Anforderungen nicht gewachsen zu sein, und verzichtet schließlich auf die Beförderung. Zu stark sind ihre Erregungen, ihre Bedenken und die Angstphantasien. Alles Zureden und Ermutigen durch ihren Chef nutzt nichts. Sie halte sich für unfähig, sagt sie. Und dennoch hatte sie vor Jahren nichts sehnlicher erwünscht als diese Beförderung. Doch die Angst macht es unmöglich.

Herr Feigenkorn kann sich nicht wehren. Er sagt, er habe Angst vor seinen Reaktionen, er könne vielleicht zu laut, zu unfair werden und anderen Unrecht zufügen. Also schweigt er und schluckt alles in sich hinein. Er kann seine Gefühle nicht abschätzen und zieht es vor, lieber sich selber weh zu tun als an anderen zum Richter oder Henker zu werden. Im Betrieb gilt er als ruhiger und reservierter Mann; sein chronisches Hüsteln und Räuspern hat noch niemand mit seinen im Hals steckengebliebenen Aggressionen in Verbindung gebracht.

In die tiefen Hintergründe des Angstverhaltens hat Fritz Riemann in seinem ausgezeichneten Buch »Grundformen der Angst« wertvolle Einblicke gegeben.

Was ist, wenn Sie morgen sterben?

In den Managerseminaren löst die Frage nach dem Tod immer wieder große Betroffenheit aus. Aufgefordert, die noch verbleibende Lebensspanne abzuschätzen, verfallen die Teilnehmer in Schweigen. Manch einer wird nervös und will diese Frage mit plausiblen Gründen abwimmeln (»Wie soll ich wissen, wie lange ich noch lebe?« – »Das bringt doch nichts!«). Doch dann folgt in der Regel die bittere Erkenntnis, sein Leben umstellen zu müssen, den vernachlässigten privaten Bereich (Familie, Hobbies, Freunde) wieder mehr zu pflegen und vor allem: die Aussöhnung mit sich und Gott endlich anzupacken.

Vielen wird plötzlich deutlich, wie weit sie sich von dem, was man Leben nennt, entfernt haben. Zu stark waren beruflicher Ehrgeiz, wirtschaftliches Weiterkommen, Imagepflege und Konkurrenzdenken, so daß Psychohygiene und religiöse Praxis zu kurz kamen, wenn sie überhaupt kamen.

Daß einer stirbt, beweist noch nicht, daß er gelebt hat.

Der Tod ist in unserer Kultur tabu. Ärzte haben nicht gelernt, mit ihm umzugehen; aber auch die professionellen Helfer tun sich schwer mit der Sterbebegleitung und Trauerarbeit (was für ein unmögliches Wort!). Wenn wir über unseren Horizont hinausschauen, beispielsweise auf die indianische oder afrikanische Kultur, entdecken wir einen unbefangenen Umgang mit dem Sterben und mit dem Tod. Die Frage für uns lautet jetzt: Welches Leben geht dem Sterben voraus? Haben wir überhaupt zu leben verstanden, das »Leben in Fülle« gehabt, was nicht gleichbedeutend ist mit einem Leben in Saus und Braus?

Wofür und wie leben Sie? Leben Sie, um zu arbeiten? Dann sieht es schlecht mit Ihnen aus. Oder arbeiten Sie, um zu leben? Das wäre zu wünschen. Und was, bitteschön, ist Leben? Beziehen Sie die Qualität Ihres Lebens aus der Summe von Geld plus Sex? Natürlich nicht, sonst würden Sie dieses Buch nicht lesen. Ist es die Multiplikation von Karriere mal Freizeitvergnügen? Dann liegen Sie voll im Trend. Oder haben Sie aufgehört zu addieren und zu multiplizieren und widmen sich hingebungs- und leidvoll dem Subtrahieren? Jammern Sie über die Bosheiten der Welt und vegetieren so vor sich hin, das böse Treiben der anderen stets im Blickfeld? Es gibt eine Weise, sein Leben zu gestalten, die ausgesprochen ganzheitlich ist, eben christlich: Der Tag ist in ein betendes, dankbares Blicken auf unseren Schöpfer eingebettet; er weist ein ausgewogenes Verhältnis zwischen Arbeit, Freizeit und Entspannung auf, und vor allem liegt der Akzent auf der immer wieder zu prüfenden Testfrage: Würde Jesus genau so handeln und reden wie ich jetzt? Die Lebensqualität hängt sicher auch von den finanziellen Möglichkeiten ab; doch für das Leben nach dem Leben gibt es andere Kriterien. Praktiziere ich in meiner Umwelt, im Büro und zu Hause die Versöhnung? Bemühe ich mich um sachliche Klärung in Streitfällen und um das Anhören aller Beteiligten?

> Ohne Versöhnung gibt es keine Lebensqualität, und wer verletzt ist, ist verletzend.

Die eingangs erwähnten Führungskräfte mußten erkennen, daß sie weitgehend unversöhnt lebten, negativ über Mitarbeiter und Vorgesetzte redeten und dazu neigten, den Frust mit sportlichen Aktivitäten zu kompensieren. Ich kann mich tatsächlich stimmungsmäßig über Wasser halten, wenn ich regelmäßig Tennis spiele, die Sportpaläste aufsuche, ins Theater gehe und mir eine Menge Gutes antue. Doch kann dies auch zu einer »kultivierten Flucht« werden, wenn ich nicht bereit bin, mich mit meinen Lastern und mit meiner Unversöhnlichkeit auseinanderzusetzen. Im Augenblick des Todes fordern diese Bereiche ihr Recht. Da niemand sagen kann, ob ihn vorher eine Krankheit zur Gewissenserforschung drängt, ist er klug beraten, so zu leben, als stürbe er morgen schon.
Wenn Ihnen die Integration des christlichen Handelns in Ihren beruflichen Alltag – also etwa die ständige Vergebung, die rücksichtsvolle Behandlung der Mitmenschen, der ehrliche Umgang mit Geld und Steuer oder die faire, der Leistung entsprechende Bezahlung Ihrer Angestellten – nicht praktikabel erscheint, haben Sie entweder das Anliegen Jesu nicht verstanden, oder Sie haben Angst, im Leben zu kurz zu kommen.

> Leben Sie so, als ob Sie morgen schon sterben müßten.

Fangen Sie sofort an, Ihren bisherigen Arbeits-, Lebens- und Kommunikationsstil zu überprüfen. Fragen Sie sich (und lassen Sie es sich auch einmal von Ihrem Partner, Ihren Untergebenen oder Vorgesetzen sagen): Wie gehe ich eigentlich mit meinen Leuten um? Haben sie mehr Angst vor mir oder mehr Vertrauen zu mir? Bin ich menschlich, humorvoll und verständnisvoll? Wovor habe ich Angst? Mit wem ist eine Versöhnung fällig? Wo steht Gott in meinem Denken und Tun? Warten Sie nicht erst bis zum vorletzten Atemzug; es könnte zu spät sein.
Als Priester werde ich hin und wieder auch zu Sterbenden gerufen. Die Art und Weise, wie sie sterben, läßt Rückschlüsse zu auf die Art und Weise, wie sie gelebt haben. Wenn sie noch imstande sind, eine Beichte abzulegen und sich mit Gott und den Mitmenschen zu versöhnen, erhalten ihre letzten Lebenstage eine neue Qualität. Man kann sie fast hören, die Steine, die ihnen vom Herzen fallen.
Ein Leukämiekranker fragte mich, ob er sterben müsse. Ich reagierte darauf mit einer Gegenfrage: »Hat meine Antwort auf Ihre Frage Konsequenzen für heute?« Er sagte: »Ich habe Streit mit meiner Freundin. Ich möchte mit ihr reden.« Die Freundin kam; sie söhnten sich aus. Und eine Woche später starb er.
Leider wird der Priester oft zu spät gerufen. Zu viele verlassen die Erde unversöhnt. Zu viele haben zwar an Gott gedacht, aber vergessen, nach seinem Willen zu leben.

Kennzeichen eines guten Menschenführers

Jeder Erzieher, Seelsorger und Chef eines Unternehmens sollte die folgenden Regeln beachten, wenn er Wert darauf legt, ein kompetenter und guter Menschenführer zu sein. Weil die schulische und universitäre Ausbildung das kom-

plette Gebiet der Seelenkunde und sozialen Führung außer acht läßt, sind die Lehrer, Priester, Ordensoberinnen, Filialleiter, Betriebschefs und überhaupt alle, die es mit Menschen zu tun haben, überfordert. Der größte Anteil unserer psychosomatischen und zwischenmenschlichen Störungen entstammt dieser Unkenntnis. Selbst ein angeborenes Charisma der Menschenführung braucht Aus- und Weiterbildung. Wann endlich begreifen die Lehrplanmacher, wo es langgeht?
Als ich gebeten wurde, für das Fach »Verhaltenskunde« an Berufsbildenden Schulen einen Lehrplan zu erstellen, baute ich neben den kognitiven Lernzielen sehr viele affektive Ziele ein, das heißt, es waren gruppendynamische Übungen (Rollenspiele, Konfliktlösungsstrategien, faires Streiten) vorgesehen. Aus Erfahrung weiß ich, wie wichtig und effektiv solche Stunden sind. Die Kommission prüfte meine Vorlagen und hatte nichts Eiligeres zu tun, als just jene praktischen Übungsstunden weitgehend zu streichen. Ich habe sie dann trotzdem abgehalten und bin damit gut gefahren. Noch heute erinnern sich meine ehemaligen Schüler an diese Stunden und ziehen daraus für ihren sozialen Umgang Nutzen.

Hier also die zehn Merkmale eines guten Chefs:
1. Er gibt konkrete Anweisungen, formuliert präzis und fragt nach, ob noch etwas unklar ist.
2. Er lobt Leistungen und honoriert sie entsprechend.
3. Er tadelt den Mitarbeiter niemals vor den Ohren anderer.
4. Er interessiert sich für das Wohlergehen anderer und zeigt Verständnis für private Miseren.
5. Er hat klare Bewertungsmaßstäbe und ist konsequent (*heute* so, *morgen* so).
6. Er handelt nicht nur funktional, sondern auch spiritual, das heißt er weiß sich als Geschöpf Gottes.

7. Er fördert die Begabungen der Mitarbeiter, setzt sie entsprechend ein und ermutigt sie.
8. Er delegiert und akzeptiert dann auch, wenn der andere dabei Fehler macht.
9. Er sorgt für die erforderlichen Arbeitsmittel und Arbeitsbedingungen.
10. Er vermeidet Unterstellungen, Schuldzuweisungen und vage Andeutungen, wenn ein Sachverhalt nicht geklärt ist.

Wer diese Verhaltensregeln praktiziert, braucht keine teuren Schulungen für psychologische Führungsstrategien. Führungserfolg hängt nicht so sehr von der Persönlichkeit ab, sondern vom sozialen Verhalten. Wer allerdings eine von den zehn Regeln vernachlässigt, erleidet einen spürbaren Imageverlust.
Es geht nicht darum, als Leiter einer Firma, als Pfarrer einer Gemeinde, als Lehrer in der Klasse, kurz als jemand, der das Sagen hat, seine Vorstellungen anderen aufzuzwingen und sie abhängig zu machen. Die drei klassischen Versuchungen von leitenden Personen sind in der Versuchungsgeschichte Jesu dargestellt: Satan tritt an Jesus heran und will ihn dazu überreden, aus Steinen Brot zu machen. Das ist die Versuchung, eigene Ideen und Pläne durchzuboxen und anderen schmackhaft zu machen, obwohl sie in keiner Weise der augenblicklichen Situation und den wahren Bedürfnissen der Gruppe entsprechen. Die zweite Versuchung besteht im Mißbrauch der Macht, also anderen drohen, sie gefügig und abhängig machen. Schließlich will Satan Jesus überreden, sich hinabzustürzen und zu demonstrieren, wie Engel ihn auffangen. Das ist die Versuchung, sich unantastbar und unverwundbar zu machen, auch das Schicksal heraufzubeschwören, komme, was mag. Solche Menschen sehen ihren eigenen Schatten nicht mehr, geben aber vor, die anderen immer durchschauen zu können.

Ein guter Vorgesetzter ist nicht unantastbar; er lernt aus der Kritik seiner Mitmenschen, steht zu seinen Fehlern und hört auch auf das, was sie nicht bzw. verschlüsselt sagen. Das aktive Hinhören ist eine seltene, doch wichtige Tugend; sie nimmt den anderen ernst. Wer jetzt noch eine Prise Humor besitzt, hat schon gewonnen. Der Humor relativiert die Dinge, betrachtet sie gelassener und zuversichtlicher, entschärft Konflikte.

Die häufigsten Fehler beim Delegieren

Nicht jeder gibt gern einen Teil seiner Arbeit an andere ab. Wer von einer ausgeprägten Eigenregie erfaßt ist, macht lieber alles selber in der Meinung, nur dann werde es richtig und schnell erledigt. Einen Gefallen tut er sich damit nicht. Ein guter Vorgesetzter delegiert, um sich erstens zu entlasten und zweitens seine Mitarbeiter einzubeziehen und zu fördern. Allerdings werden beim Delegieren immer wieder dieselben Fehler gemacht.

Pfarrer Hans Pfäffle bittet seine Gemeindeassistentin Erika Wohlgemuth, sie möge für den nächsten Frauengottesdienst die Lieder auswählen. Frau Wohlgemuth setzt sich hin und braucht einen halben Nachmittag, um ihrer Aufgabe gerecht zu werden. Schließlich will sie den Pfarrer nicht enttäuschen. Anderntags legt sie ihm den Plan vor. Und was macht nun Hans Pfäffle? Er geht Nummer für Nummer durch, überlegt kurz und sagt: »Nehmen wir doch zum Einzug Lied 220 statt 233; das paßt besser zum Thema. Und das Lied zum Agnus Dei lassen wir weg, das beten wir. Ansonsten ist alles recht. Halt! Da ist noch was: Wir schieben nach der Wandlung einen Psalmvers ein auf die Taizé-Melodie, Sie wissen schon. Den Rest können wir so lassen. Vielen Dank, Frau Wohlgemuth. Das haben Sie sehr schön gemacht.«

Frau Hübermaß, Direktorin eines großen Bildungshauses, delegiert zum Schrecken ihres Mitarbeiterstabes sehr gern. Sie kann gar nicht genug delegieren. Nur weiß keiner so recht, was sie eigentlich will. Und sie will sehr viel; sie ist fast maßlos: »Herr Höfling, wären Sie so nett und würden mal nachschauen, wie viele Meldungen für den Kurs 18 vorliegen und ob Frau Möslhuber zugesagt hat, sie wollte sich schon vor drei Tagen melden, und sagen Sie Herrn Dattelfing, daß er den Overheadprojektor haben kann. Und noch was, Herr Höfling, könnten Sie dann anschließend kurz zu mir kommen; es geht um die Pressemeldung über die Autorenlesung. Vielleicht kann aber auch Fräulein Tipsel den Herrn Dattelfing informieren.« An der Tür wendet sie sich noch einmal um: »Wo steckt eigentlich Fräulein Tipsel? Ich habe sie heute noch gar nicht gesehen. Na ja, wenn sie kommt, sagen Sie es ihr!«
Herr Höfling atmet tief durch. Dabei fällt ihm ein, daß er dringend zum Arzt gehen sollte wegen seines Ohrensausens.
Lehrer Winkelbein bittet die Schülerin Andrea, eine Sitzliste der Klasse anzufertigen. »Andrea, mach doch mal eine Sitzliste, aber bitte spiegelverkehrt, damit ich sie von mir aus richtig lesen kann!« Andrea macht sich stolz an die Arbeit. Als sie die Liste abgibt, stutzt Herr Winkelbein zuerst, dann sagt er: »Aber Andrea, das ist ja verkehrt. Schau, du hast die Seiten vertauscht. Hier sitzt du, nicht da. Mach's noch einmal, aber richtig.« Andrea, leicht frustriert, macht sich wieder an die Arbeit. Diesmal achtet sie ganz genau auf die Platzverteilung. Als sie die verbesserte Liste abgibt, verzieht sich das Gesicht von Herrn Winkelbein. »Andrea, du hast es immer noch nicht verstanden. Die Liste muß von *meiner* Sicht aus stimmen. Jetzt hast du zwar die Reihen richtig gesetzt, aber die Außenseiten vertauscht. Setz dich hier an mein Pult und mach es noch einmal.«

Herr Winkelbein macht alle Jahre die gleiche Erfahrung: auf Anhieb klappen die gewünschten Sitzpläne nie. Regelmäßig vergißt er, seine Delegierte ans Lehrerpult zu setzen. Täte er es, so wäre das komplizierte Gerede vom Spiegelbild unnötig.

Frau Müller-Treuselig, Geschäftsführerin einer Textilfirma, betraut die Abteilungsleiterin Christa Halbwegs mit der Warenkontrolle: Musterkollektionen und Schaufensterstaffagen müssen ausgesondert und mit neuen Preisen ausgezeichnet werden. Dazu würde Frau Halbwegs drei Tage benötigen, deshalb beauftragt sie ihrerseits zwei Angestellte, dies zu tun. Nach getaner Arbeit macht Frau Halbwegs eine kurze Überprüfung und hakt den Auftrag ab. Frau Müller-Treuselig läßt sich von ihr die Bestätigung des Auftrags abzeichnen, schaut aber selber nicht mehr nach, ob die Arbeit auch fehlerfrei ausgeführt wurde. Das war ihr Verhängnis bzw. das Verhängnis von Christa Halbwegs bzw. das Verhängnis der beiden Angestellten, als Reklamationen eingingen. Vertrauen ist gut; Kontrolle ist dennoch nötig.

Delegieren heißt: Mitarbeit(er) fordern, Eigeninitiative fördern, Arbeitsaufwand mindern.

Delegieren ist nicht so leicht. Folgende Regeln müssen beachtet werden:

1. Wenn ich einen Auftrag delegiere, sollte ich die Durchführung nicht hinterher nach meinen Vorstellungen korrigieren. Oder ich formuliere den Auftrag so präzis und konkret, daß im Grunde nur noch eine Kopie meines Planes gemacht wird. Herr Pfarrer Pfäffle delegiert nur halbherzig, in Wahrheit zieht er *sein* Konzept durch. Also: Geben Sie beim Delegieren genügend Entscheidungsraum für den Delegierten. Er muß

das Gefühl haben, eigene Ideen mit einbringen zu dürfen. Und tolerieren Sie dann die kleinen Unebenheiten.

2. Überladen Sie nicht! Verteilen Sie die einzelnen Aufgaben, sonst machen Sie den Delegierten zum Packesel. Frau Hübermaß macht diesen Fehler. Sie überhäuft den gutmütigen Herrn Höfling mit Kleinkram, nimmt dann wieder einen Auftrag zurück, fragt auch nicht nach, ob alles klar ist, und verschwindet.

3. Verschwommene oder komplizierte Anweisungen ziehen garantiert Probleme nach sich. Herr Winkelbein hätte sich in die Lage von Andrea einfühlen müssen. Was heißt »Spiegelbild«? Was für ihn glasklar ist, muß es noch nicht für andere sein. Also: Delegieren Sie mit klaren Worten und geben Sie notfalls Hilfen dazu.

4. Wichtige Aufgaben dürfen nicht auf reiner Vertrauensbasis verbleiben. Sonst ist nachher nicht klar, wer eigentlich die Verantwortung trägt. Verantwortungsvolle Aufgaben bedürfen auch der Kontrolle. Frau Müller-Treuselig und Frau Halbwegs hätten die Durchführung des Auftrags genauer kontrollieren müssen. Außerdem ist es ratsam, Zwischenziele zu vereinbaren und den Erfolg jeweils zu überprüfen.

Das Bedürfnis nach Zuwendung ist allgegenwärtig

Egal, wie Ihre Mitmenschen reagieren, gehen Sie davon aus, daß die meisten nichts anderes suchen als Ihre Zuwendung und Bestätigung. Ob sie sich aggressiv oder regressiv (also kindisch) verhalten, ob rechthaberisch oder arrogant, ob selbstzerstörend oder über andere Leute herziehend – die verwundete Seele sucht nach Heilung. Nun sind Sie keineswegs verpflichtet, den Therapeuten oder Arzt zu spielen, aber es ist gut, wenigstens zu wissen, welche Sehnsüchte bzw. Verletzungen und Ängste hinter all diesen Verhaltensmustern verborgen sind. Auch für einen Chef, besonders wenn er für sich Menschenkenntnis und guten Umgang beansprucht, ist es gut, einen Mitarbeiter zu einem persönlichen Gespräch unter vier Augen einzuladen, um dessen verschlüsselte Empfindungen und Bedürfnisse anzusprechen.

Nehmen wir an, Sie haben unter Ihren Mitarbeitern eine Person, die für ihre Sticheleien und aggressiven Bemerkungen bekannt ist. Schon lange beobachten Sie die Spielchen dieses Mannes. Sie kennen seine private Situation nicht. Die anderen Kollegen sitzen im gleichen Raum und können sich nicht wehren. Das belastet natürlich die gesamte Atmosphäre. Sie nehmen sich den Mitarbeiter vor und beginnen folgendes Gespräch:

»Herr Dobermann, in letzter Zeit empfinde ich Sie als aggressiv den anderen gegenüber. Fühlen Sie sich angegriffen oder weshalb reagieren Sie so heftig?«

»Aggressiv? Hm. Ich mache manchmal ein paar gewürzte Bemerkungen, wenn Sie das meinen.«

»Wer hat Sie denn so verletzt, daß Sie so scharfe Gewürze streuen?«

»Das ist ja nicht bös gemeint, aber manchmal geht mir die Frau Saftig auf die Nerven.«

»Sprechen Sie mit ihr! Sie tun sich und der ganzen Belegschaft keinen Gefallen, wenn Sie Ihren Unmut auf diese Weise weitergeben. Ich kann verstehen, wenn Sie sich gegen Angriffe zur Wehr setzen; versuchen Sie es bitte auf sachliche Weise. Wir sind alle irgendwo verletzbar, Sie, ich, Frau Saftig, alle. Und im Grunde wollen wir alle dasselbe: verstanden werden.«

Wenn Sie jetzt meinen, ein solches Gespräch wäre undenkbar, ja geradezu lächerlich, weil sich der Chef offen zur Verwundbarkeit bekennt, dann spreche ich Ihnen mein aufrichtiges Bedauern aus. Überdenken Sie bitte Ihr Verständnis von Autorität und Führungsrolle. Das Aussprechen dieser banalen Wahrheit kann nur verbindlich, ja heilend wirken. Vorbei ist die Ära der künstlichen Aufrechterhaltung einer Pseudo-Autorität, die nichts anderes als Verschlüsselungen, Einbahnkommunikation und Männlichkeitswahn kannte. 80% unserer »vernünftigen« Entscheidungen werden auf der emotionalen Schiene abgefahren. Grund genug, etwas mutiger und authentischer zu unseren Gefühlen zu stehen.

> Wahre Autorität kommt nicht aus dem verliehenen Amt, sondern aus der Kompetenz, die andere einem geben.

Setzen wir das Gespräch zwischen dem Chef und Herrn Dobermann einmal fort:

»Was löst denn Frau Saftig bei Ihnen aus?«

»Ehrlich gesagt, eine Stinkwut. Ihre Art erinnert mich an meine älteste Schwester. Die hat mich genauso manipuliert und wollte alles besser wissen. Ich kann das nicht ertragen.«

»Dann kommen die alten Erinnerungen und Verletzungen hoch.«

»Sie geht aber nicht nur mir auf die Nerven, sondern allen.«

»Aber Sie reagieren darauf besonders heftig, scheint mir.«

»Mag sein. Ich lasse mir das jedenfalls nicht bieten.«

»Herr Dobermann, sprechen Sie doch mal in aller Ruhe mit Frau Saftig. Ich habe das Gefühl, daß da tiefe Verletzungen bei Ihnen vorliegen, vielleicht auch bei Frau Saftig. Über so etwas muß man doch reden können.«

Dieses Gespräch ist nicht erfunden. Es hat sich tatsächlich so abgespielt. Der Chef ist nicht psychologisch geschult worden; aber er kennt sich selber ganz gut. Die Angestellten in seiner Firma fühlen sich wohl, weil sie vor ihm keine Angst haben und ihn stets als eher väterlichen Typ betrachten. Das Gespräch ist gewiß psychologisch nicht fehlerfrei, aber immerhin. Der Chef nimmt sich Zeit für seine Angestellten und gibt ihnen das Gefühl, ernstgenommen zu werden.
Er hat sich im Lauf seiner Dienstjahre einiges an Wissen angelesen und fragt immer wieder bei mir an, wenn gruppendynamische Prozesse geklärt werden sollen. So weiß er auch, daß Menschen mit einem geringen Selbstwertgefühl sich schwer tun, andere gelten zu lassen. Ihre mangelnde Selbstbejahung versuchen sie in einem äußerlich erscheinenden Sicherheitsgebaren zu kompensieren. Selbstgerecht einerseits, unsicher andererseits, nörgeln sie oft herum.
In seiner Firma arbeitet eine Dame, die sich dauernd selber schlecht macht. Erst nach langer Zeit kam er zu der Erkenntnis, daß sie damit nicht etwa Bequemlichkeit ausdrückte, wie er zunächst gemeint hatte, sondern das Gegenteil: Mit dem Abwerten eigener Leistungen wollte sie auf das eigene, überhöhte Anspruchsniveau hinweisen, an das nicht einmal sie selber heranreicht. Im Grunde hatte die Dame längst resigniert, ohne aber das überhöhte Niveau abzulegen. Man spricht von einem resignierten Ehrgeiz. Der Chef nahm sich vor, sie öfter zu loben, und übertrug ihr mittelschwere Aufgaben. »Sie schaffen das schon, Frau Hase!« und »überschlagen Sie sich nicht!« waren häufige Äußerungen von ihm. Heute ist Frau Hase Abteilungsleiterin. Die falsche Selbsterniedrigung hat sie aufgegeben.

Wer zu selbstlos ist, ist bald sein Selbst los.

Es kann sich auch einer vorsorglich selber schlecht machen, um sich so vor Kritik und Angriffen zu schützen. Er nimmt möglichen Kritikern den Wind aus den Segeln. Außerdem wirkt er bescheiden, so daß er möglicherweise auch noch Komplimente einheimst. Menschen mit übertriebener Aufopferungsbereitschaft hingegen laufen Gefahr, sich zuviel einzumischen. In ihrer sozialen Dienstbeflissenheit können sie durchaus machtbesessen wirken. Dahinter verbirgt sich das Gefühl, erst durch Leistung und Erfolg liebenswert zu sein und anerkannt zu werden. Es ist wichtig, den Menschen in seiner Art anzunehmen und ihn nicht nur über Leistungen zu definieren. Das muß nicht heißen, daß ein zur Bequemlichkeit neigender Mitarbeiter weiterhin beschäftigt wird und dadurch dem Betrieb Schaden zufügt. Reaktionen wie beispielsweise schleppender Arbeitsgang, häufige, aber immer nur kurze Krankmeldungen, regelmäßiges Zuspätkommen um ein paar Minuten, negatives Reden und Jammern, aggressive Ausrutscher oder beleidigtes Schmollen weisen auf tiefliegende Probleme hin. Ein Gespräch mit dem Betreffenden und die Empfehlung, sich ärztlich und psychologisch betreuen zu lassen, sind hier angebracht. Es geht nicht an, daß Vorgesetzte zu schweigenden Beobachtern im Hinterhalt werden, um dann plötzlich zuzuschlagen und eine Versetzung, Kündigung oder Sanktion gleich welcher Art zu präsentieren.
Solche Verhaltensformen sind immer auch versteckte SOS-Rufe. Da die meisten Menschen nicht gelernt haben, offen und unverschlüsselt ihre Bedürfnisse zu artikulieren, tun sie es maskiert. Mit ein bißchen Geduld, Klugheit und Nächstenliebe lassen sich manche Störungen abstellen.

Wenn das wahre Gefühl zur »Ware« Gefühl wird

Mit dem »grünen Band der Sympathie« versuchen deutsche Banken Werbung zu machen. Auch die Deutsche Bundesbahn und viele Firmen setzen ihre Verkaufsstrategie auf umsatzsteigernde Freundlichkeit. Das Lächeln muß sein, selbst noch im letzten Röcheln. Der Kunde mag dabei gut bedient und bisweilen auch finanziell ausgebeutet werden; der Verkäufer und die Verkäuferin, die Stewardess und der Bahnbeamte hingegen kommen bei dieser Gefühlsmanipulation irgendwann einmal in Schwierigkeiten. Selbst Arbeiter am Fließband müssen ihre Gefühle ständig unter Kontrolle haben, wenn sie es am Arbeitsplatz aushalten wollen. Die Arbeitgeber interessiert es nicht, wie die Angestellten damit zurechtkommen; sie wollen dem Kunden mit den Leistungen auch die Gefühle der Mitarbeiter verkaufen. Dabei zahlt der manipulierte Verkäufer ordentlich drauf.

Meistens merkt er es nicht; er wird sein Ausgebranntsein kaum auf das permanent lächelnde Gesicht zurückführen, das ihn viel Energie kostet. Wo sind seine Aggressionen geblieben, die ihm ein nervtötender Kunde entlockt hat? Wo soll er seinen Frust »entsorgen«, den der Chef mit seinem autoritären Gehabe ausgelöst hat? Wie kann er auf Dauer seine privaten Sorgen hinter der aufgesetzten Freundlichkeit verbergen, ohne krank zu werden? Nein, der Verkäufer wird die Ursachen seiner psychosomatischen Störungen zunächst einmal bei sich selber suchen, vielleicht noch bei unspezifischen Arbeitsbedingungen, kaum aber bei der abverlangten Gefühlsleistung.

Sogar Managementtrainer lassen sich dazu verführen, in Verkäuferschulungen Derartiges zu lehren. Dazu Walter Böckmann, ein seriöser Trainer: »Der dressierte Verkäufer braucht nur die vorgeschriebenen Grimassen zu schneiden und Sprüche aufzusagen, und schon hat er die ganze Verantwortung für seinen Kundeneinsatz an die Geschäftsleitung delegiert, die ihm diese Zirkusnummer aufgenötigt hat.«

Wer ständig seine eigenen Gefühle verdrängt, wird gefühlsleer und unecht.

Nicht mehr die eigenen Gefühle sind Maßstab und Orientierung für den Umgang mit anderen Menschen; die Gefühle werden fremdbestimmt. Irgendwann friert das aufgesetzte Lächeln ein und und wird Teil der Persönlichkeit, so daß es nicht mehr als Heuchelei empfunden wird. Das heißt: die gespielte Freundlichkeit wird zur subjektiven Wahrheit. Dieses Verkaufsspiel hat seinen Preis: Wer sich so mit seiner Arbeit identifiziert, überfordert sich ständig. Er kann sich nicht mehr abgrenzen; er bezieht Erfolg und Mißerfolg auf sich, bis er eines Tages leer ist, ausgebrannt.

Ich behaupte, nur eine Firma, die ihren Mitarbeitern das Recht einräumt, auch mit Frustrationen und mit Ärger adäquat umzugehen, ihnen also die Möglichkeit gibt, sich im geschützten Rahmen auszusprechen und verbal abzureagieren, handelt effektiv. Was nutzen ihr dressierte Personen, wenn Krankmeldungen zunehmen und verschlüsselte Abreaktionen das Arbeitsklima vergiften?

Es geht mir nicht um eine ehrliche Unfreundlichkeit; ich plädiere für mehr echte Menschlichkeit, für das, was man in der Therapeutensprache Selbstkongruenz, Empathie und Authentizität nennt. Es gibt eine Mitte zwischen dem »keep smiling« und der Mürrischkeit. Es ist das, was man schlicht zivilisiert nennt.

Konkurrenz belebt das Geschäft keineswegs

Immer noch glauben viele geschäftstüchtige Manager und ehrgeizige Unternehmer, die Konkurrenz fördere die Produktivität und den eigenen Erfolg, weil es sie stets zu überbieten gelte. Und auch die schulische Erziehung ist darauf ausgerichtet, ein solches Denken zu fördern, indem sie den Schüler darauf trimmt, besser zu sein als die anderen. Diese Ellbogentaktik zerstört die Liebe zum Lernen, weil mit dem Konkurrenzdenken zugleich die Versagensangst kommt. Und diese blockiert die Fähigkeit zur Innovation (das heißt zur Entwicklung neuer Ideen) und lenkt den Blick vorrangig auf den zu überbietenden Konkurrenten, statt auf die eigentliche Aufgabe.
Auch im geschäftlichen Bereich wird der Kollege zum Konkurrenten, dem man Wissen vorenthält, um weiter zu kommen als er. Es gibt dann kein Miteinander mehr, keine leistungsfähige Kooperation, sondern ein Gegeneinander. Damit werden aber auch die sozialen Beziehungen im Betrieb zerstört. Es kommt zum Verlust des Wir-Gefühls, zu einem Klima von Angst und Mißtrauen, vor allem bei jenen, die Grund haben, um ihren Arbeitsplatz zu fürchten. Und so wird mit harten Bandagen gekämpft mit dem primären Ziel, den anderen auszustechen. Das geht zu Lasten der Organisation und bringt nachgewiesenermaßen keineswegs eine Belebung des Geschäfts.
Längst ist der Zusammenhang zwischen Leistung und Konkurrenz untersucht worden. Das Ergebnis belehrt uns eines erstaunlich Besseren. Konkurrenzdenken ist kein Erfolgsgarant. Robert Helmreich an der University of Texas, Peter Blau an der Columbia University und Peter Pawlowsky an der Berliner Universität haben dies in vielen Untersuchungen herausgefunden. Zur Überraschung aller waren die Qualitäten der Produkte bei den kooperativen Gruppen besser als bei den konkurrierenden Gruppen.

Konkurrenz belebt mehr die Angst als das Geschäft.
Der Zwang, andere überbieten zu müssen, geht auf Kosten der wirtschaftlichen und zwischenmenschlichen Qualität.

Der hektische Wettbewerb im Journalismus, wo es um die besten Schlagzeilen und um den Informationsvorsprung geht, hat dazu geführt, daß die Veröffentlichungen oberflächlich geworden sind, falsch oder verzerrt. Die Ereignisse werden auch in vielen TV-Sendern aufgebauscht und aufgemotzt, nur um Einschaltquoten in die Höhe zu schrauben und den Vogel abzuschießen.

So ist Konkurrenz im privaten, im journalistischen und im pädagogischen Bereich geradezu kontra-produktiv. Menschen arbeiten an mechanischen Aufgaben zwar schneller, wenn sie konkurrieren, aber auch qualitativ schlechter.

Und wenn Lehrer das Lernen in einen Wettbewerb einbinden, lernen Kinder schlechter, obgleich viele von ihnen solche Wettbewerbe mögen. Diese Technik erleichtert das Lernen, macht es aber nicht effektiver. Sie umgeht pädagogische Probleme. Außerdem bekommen die Schüler das Gefühl, daß das ganze Leben ein Wettbewerb ist, in dem es gilt, den Konkurrenten – und das ist immer der andere – auszustechen. Die hierbei ausgelösten Ängste führen zur Verkrampfung. Wir alle kennen die Not der Prüflinge bei den TV-Wettspielen: Gedächtnisblockaden, Stottern, Schwitzen, Ärger über die »Niederlage«, die natürlich keine sein darf, so daß auch die »Verlierer« ihre Trostpreise bekommen.

Am schlimmsten wirkt sich das Konkurrenzdenken in der Pharmaindustrie aus. Um den Konkurrenten auszustechen, wird ein Heer von Pharmavertretern auf die Arzt- und Krankenhauspraxen losgeschickt, damit sie die Ärzte zum Kauf ihrer Medikamente überreden. Dabei helfen großzügige Geschenke nach. Und der Patient wird zum Chemie-Konsument.

Aus eigener Erfahrung wissen wir, daß die Ehrgeizigsten und Konkurrenzorientiertesten keineswegs die Kompetentesten sind, auch wenn sie sich oft auf Kosten anderer durchsetzen.

Wer eine Aufgabe anpackt und in der Arbeit bereits eine Befriedigung findet, weil er sie gerne tut, kann seine Aufmerksamkeit ungeteilt auf diese Aufgabe lenken. Er schöpft angstfrei alle Möglichkeiten aus. Muß er zugleich Konkurrenten überbieten oder macht er sich an die Aufgabe, weil er unbedingt gute Noten, hohe Punktzahlen oder Geld gewinnen will, so bleibt er, selbst wenn er hochmotiviert ist, unter seinem Niveau. Wir sollten aufhören, unsere Kinder zu Höchstleistungen anzuspornen mit Bemerkungen wie:

»Schau dir den Dieter an! Der kann das alles. Und du? Nimm dir an ihm ein Beispiel!«

»Wenn du so weitermachst, wird aus dir nichts werden.«

»Denk immer daran: die anderen sind gut! Und dann mach es besser!«

»Mit diesen Leistungen wirst du keinen Blumenstrauß gewinnen.«

Bei allen diesen Äußerungen wird das Kind zur Leistung angestachelt, damit es am Ende gut dasteht (extrinsisches Motiv). Dies wird das Kind nie befriedigen. Eines Tages ist es ausgebrannt. Nur die Bewältigung einer Aufgabe aus Interesse daran (intrinsisches Motiv) macht das Leben lebenswert. Vielleicht wird seine spätere Tätigkeit nicht *ein*träglich, gewiß aber *er*träglich.

Da fällt mir eine Geschichte ein. Die Mutter wirft ihrem Sprößling vor: »Du kannst aber auch gar nichts. Hast du eine Erklärung dafür, daß dein Freund Oskar nur Einser und Zweier nach Hause bringt?«

»Ja«, antwortet ihr Sprößling, »der hat die intelligenteren Eltern!«
Worauf die Mutter ihm eine Ohrfeige gibt. Was wiederum beweist, daß der Junge recht hatte; denn diese Ohrfeige war dumm. Wäre die Mutter intelligent gewesen, hätte sie gesagt: »Diese Antwort beweist, daß deine Eltern gar nicht so dumm sein können.«

Halten wir fest: Konkurrenz ist immer dann leistungshemmend, wenn es gilt, den anderen aus wirtschaftlichen oder psychologischen Gründen zu überbieten; denn dann treten Hektik und Unlauterkeit auf den Plan. Sie ist nur dann belebend, wenn sie mich veranlaßt, noch bessere Ideen zu entwikkeln, nicht mit dem einseitigen Schielen auf noch mehr Einkommen, sondern mit dem primären Ziel, die Kreativität in mir zu mobilisieren, also um der Sache willen. Der höhere pekuniäre Gewinn mag dann ein willkommener Zusatzeffekt sein. Solange jedoch die Tugend der Bescheidenheit, der Mitmenschlichkeit und des verantwortlichen Umgangs mit den begrenzten Ressourcen unserer Welt von der Gier nach Macht und Reichtum erstickt wird, werden die Erkenntnisse, wie ich sie hier darlege, als »unrealistisch« weggeschoben. Solche Leute haben ein reines Gewissen, weil sie es nie benutzen.

Streiten muß gelernt sein

Wir haben nicht gelernt, offen unsere Gefühle zu verbalisieren, Enttäuschungen, Ängste oder Ärger authentisch auszudrücken. Wir können nicht konstruktiv streiten, sachbezogene und persönliche Meinungen auseinanderhalten, den Mitmenschen in Liebe korrigieren. Wer ein übertriebenes Harmoniebedürfnis hat, also Auseinandersetzungen um des lieben Friedens willen, der meist keiner ist, scheut, wird seine Meinung und seine Empfindungen verdrängen oder maskieren. Hin und wieder spüren wir zwar die Verschleierung, haben aber Schwierigkeiten im Umgang mit ihr. Umgekehrt hoffen wir, daß die anderen unsere eigenen Deckmäntelchen nicht erkennen mögen. Wie oft legen wir falsche Spuren und lenken mehr oder weniger geschickt die Aufmerksamkeit der anderen ab, um nicht ertappt zu werden. Die Verwischung unserer kleinen Ängste kostet uns eine Menge Energie, die es nicht wert ist, aufgebracht zu werden. Doch die Angst ist von jeher ein schlechter Ratgeber gewesen, weshalb Jesus uns immer wieder zum Loslassen auffordert. Loslassen kann nur der, der Vertrauen hat. Und vertrauen kann nur der, der seine Ängste zugeben kann. Gott verheißt jedem seine Gnade, der seine Schwachheit anerkennt. Wer sie aber nicht anerkennt, ist versucht, seinen Mitmenschen Angst zu machen. Diese Erfahrung ist sehr wichtig: Ängstliche Menschen, die stark erscheinen wollen, machen anderen Angst.

Ein Lehrer, dem es nicht gelingt, sich in einer Klasse durchzusetzen, greift plötzlich zu Drohungen, macht Überraschungsangriffe, indem er mündliche Prüfungen vornimmt, und schreit die Schüler an. Er ist überfordert und fürchtet einen Gesichtsverlust vor der Klasse und vor dem Kollegium. Seine Aggression, hinter der sich Angst verbirgt, drückt er in der verbalen Kommunikation nur verschlüsselt aus: »Ihr seid unmöglich! Macht nur so weiter, dann werdet ihr schon sehen, was passiert!« Diesen Ausspruch kennen wir alle, haben ihn vielleicht schon selber im Mund geführt. Was meint er denn wirklich mit der Aufforderung, weiterzumachen? Und was findet er so unmöglich? Das sagt er ja nicht. Entschlüsselt will er eigentlich sagen: »Ich bin wütend und ohnmächtig. Euer Verhalten ärgert mich, weil ich nicht weiß, wie ich dagegen ankommen kann. Ich bin frustriert, weil ich von euch keine positive Rückmeldung bekomme. Bitte unterlaßt die Privatgespräche! Andernfalls greife ich zu Maßnahmen, die mir selber verhaßt sind.« So ähnlich könnten seine wahren Gefühle sein. Möglicherweise ärgert er sich auch über sich selber, über seine unzulängliche Methode oder über seine Unfähigkeit, den Stoff interessanter zu gestalten... Weshalb aber sagt er es nicht?

Wer seine Bedürfnisse und Empfindungen verschlüsselt, darf sich nicht wundern, mißverstanden zu werden.

Ich habe selber 14 Jahre lang an verschiedenen Berufsschulen und Gymnasien unterrichtet und kenne die Verschlüsselung durch leere Drohungen, durch Ironie oder Schuldzuweisungen. Schließlich wagte ich es, meine wirklichen Gefühle und Bedürfnisse zu artikulieren. Ich gestand meine Ängste ein, sprach offen über meinen Frust und bat die Schüler und Schülerinnen um Vorschläge für eine bessere Unterrichtsgestaltung. Diese Offenheit beeindruckte sie. Die Zusammenarbeit wurde spürbar leichter. Ich gebe diese Erfahrung weiter, wenn ich auch weiß, daß die heutige Situation in den Schulen ungleich problematischer ist und am pädagogischen Nerv zehrt. Es ist keine Frage, daß sowohl Lehrpläne als auch Unterrichtsformen geändert werden müssen.
Ein Ehepaar streitet sich. Die Frau ist eifersüchtig. Im folgenden Beispiel erleben Sie verschiedene unfaire, aber leider sehr typische Taktiken, die beide anwenden, um ihre Angst vor einer totalen Zerrüttung zuzudecken.

Sie: (schmollt, weil er mit einer anderen Frau flirtete.)
Er: *Hast du was?*
Sie: *Nein.*
Er: *Du machst so ein saures Gesicht.*

Sie: *Na und? Was stört dich das?*
Er: *Bitte, ich habe nur gefragt.* (langes Schweigen)
Sie: *Sag doch gleich, daß du Schluß machen willst mit mir!*
Er: Was *redest du da? Ich glaub, du spinnst.*
Sie: (weint)
Er: *Jetzt geht das schon wieder los.*
Sie: (verläßt das Zimmer, schlägt die Tür zu)
Er: *Glaub nur ja nicht, daß du damit bei mir ankommst!*
Sie (tränenerstickt:) *Meine Mutter hatte recht, mich vor dir zu warnen.*
Er: *Dann geh doch zu deiner Mutter! Heirate sie!*
Sie: (weint noch lauter, wirft ein Glas auf den Boden)
Er: *Jaja, mach nur alles kaputt! Aber mache mich bitte nicht dafür verantwortlich!*
Sie: (packt den Koffer)
Er: *Das dürfte das 5. Mal sein, daß du den Koffer packst. Bin mal gespannt, wie lange du es diesmal bei deiner Mutter aushältst.*

Unglaublich, wie hier zwei Erwachsene miteinander umgehen. Nicht eingestandene Angst führt zu seltsamen Reaktionen. In diesem Vorfall wird gelogen, ironisiert, interpretiert, verallgemeinert, schuldig gemacht, erpreßt, gegenseitig ausgespielt, abgeblockt und bestraft. Das unverschlüsselte Streitgespräch könnte sehr unterschiedlich ausfallen; hier ein Vorschlag:

Sie: *Hans, du weißt, daß ich schnell eifersüchtig werden kann. Ich habe Angst, dich zu verlieren. Wie du dich gestern mit der Erika abgegeben hast, hat mir weh getan. Ich weiß, es ist mein Problem.*
Er: *Glaube mir, es ist zwischen uns alles o.k. Und gerade deshalb kann ich guten Gewissens mit der Erika so umgehen. Du brauchst keine Angst zu haben.*

Natürlich kann das Gespräch auch ganz anders verlaufen:

Er: *Anne, ich spüre deine Angst wieder. Hat es mit der Erika zu tun?*
Sie: *Ja. Ich werde einfach nicht damit fertig. Ich ärgere mich selber über meine Eifersucht. Was hat sie, was ich nicht habe?*
Er: *Du meinst, ich hielte sie für attraktiver?*
Sie: *Vielleicht. – Ich wünsche, daß du mir mehr Zuwendung gibst. Ich habe Angst, nur noch am Rande zu stehen.*
Er: (nimmt sie in die Arme und hält sie fest)

Eine solche Ehrlichkeit setzt Vertrauen voraus. Wer liebt, kennt die Schwächen und Grenzen des anderen und wird niemals auf ihnen herumtrampeln. Sollte einer der beiden Gesprächspartner keine Offenheit zeigen, wird es schwer sein für den anderen, dennoch fair zu bleiben. Viele Frauen laufen bei ihren Männern ohnmächtig auf, weil die Männer nicht auf die Nöte ihrer Frauen eingehen. Sie bagatellisieren das Problem der Frau; sie bezeichnen die Angelegenheit als hysterische Einbildung, oder sie verlassen den Raum. Manche bestrafen durch tagelanges Schweigen. Frauen hingegen erpressen sich die Zuwendung und Wunscherfüllung durch Migräneattacken oder Unterleibsschmerzen, durch Androhung von Selbstmord oder ebenfalls durch Schmollen und Weinen.
»Oh, mein Kopf. Ins Grab bringst du mich noch!« stöhnt die Mutter angesichts ihrer Kopfschmerzen, die sie der unangepaßten Verhaltensweise ihres Kindes zuschreibt. Würde sie sagen: »Ich habe Kopfschmerzen, Klaus. Bitte sei etwas stiller oder geh in das andere Zimmer«, wäre es zumindest für den Klaus nicht so angstbesetzt. Denn verschlüsselte Schuldzuweisungen und leere Drohungen (»Warte nur, bis Vater kommt!« – »Wenn du nicht sofort gehorchst, wird es was geben!«) erzeugen im anderen auf Dauer irrationale Ängste,

Minderwertigkeitsgefühle, versteckte Aggressionen und Verlust des Selbstvertrauens oder Scheinanpassung.

»Wenn du pünktlich gekommen wärest, wäre das alles nicht passiert. Aber du kannst ja nie pünktlich sein!« Eine solche Schuldzuweisung und Verallgemeinerung verletzt; sie bewirkt niemals das, was sich der Betreffende erhofft, nämlich Einsicht und Besserung. Die dazu entsprechende Entschlüsselung lautet: »Du kommst zu spät. Ich ärgere mich darüber, daß du jetzt erst kommst. Ich hatte Angst.«

Es fällt auf, daß wir insgesamt zu häufig mit Ausrufezeichen sprechen, also festnagelnd, fordernd, bestrafend: Hör auf! Laß das! Idiot! Du kannst aber auch nie zuhören! Sei ein bißchen höflicher, verstanden! Mach nur so weiter! Der Kerl kommt mir nicht ins Haus! usw.

Eine solche harte Kommunikation verletzt. Die wirklichen Nöte und Wünsche bleiben unausgesprochen. Das läßt Raum für Vermutungen, Deutungen, Unterstellungen: Was meint sie/er denn nun wirklich? Was hat sie/er denn eigentlich? Warum ist sie/er so aggressiv? Habe ich etwas falsch gemacht und wenn ja, was? Fragesätze sind weicher, nageln nicht fest, sondern lassen die Antwort offen.

Testen Sie sich selber einmal bei den folgenden Aussagen. Welche Antwort würden Sie darauf spontan geben? Und welche der vorgegebenen Antworten halten Sie für die beste? Ziel ist es, das in der Aussage verschlüsselte Gefühl zu verbalisieren, also zu spiegeln.

Ihr Kind sagt: *Solche Aufgaben zu rechnen, ist doch der letzte Mist. Sowas brauche ich nie im Leben!*

Ihre Antwort lautet:

1. Du wirst noch sehen, wie sehr du das brauchst!
2. Das wird dein Lehrer wohl am besten wissen.
3. Du bist nur zu faul, gib's zu!
4. Du empfindest die Aufgaben als sinnlos, nicht wahr?

(Antwort 4 ist richtig, weil sie das Gefühl der Sinnlosigkeit ausspricht, das Ihr Kind hat. Antwort 3 unterstellt unbegründet Faulheit. Die Antworten 1 und 2 deuten verschlüsselt an, wie kurzsichtig Ihr Kind die Dinge sieht. Nur bei 4 fühlt sich Ihr Kind verstanden. Diese Antwort bedeutet nicht, daß es die Hausaufgaben nicht zu machen braucht. Es muß lernen, Dinge zu tun, die es im Augenblick für unsinnig hält.)

Ihr Mann/Ihre Frau sagt: *»Ich werde den Chef nie wieder um einen Gefallen bitten. Man kommt sich ja vor wie ein Bettler!*

Ihre Antwort lautet:
1. Du magst ihn nicht mehr bitten, weil dich das demütigt?
2. Du mußt da viel diplomatischer rangehen!
3. Hast du das Gefühl, daß er dich seine Macht spüren läßt?
4. Wir müssen alle mal zu Boden kriechen, wenn wir was wollen.

(1 und 3 sprechen ein Gefühl aus, wobei sich 3 auf den Chef bezieht. 2 und 4 sind unbrauchbar, wecken allenfalls neuerlichen Ärger. Ihr Partner fühlt sich von Ihnen nicht verstanden, eher getadelt.)

Ihr Kind sagt: *»Die Prüfung heute morgen ging gerade noch gut. Gott sei Dank.«*

Ihre Antwort lautet:
1. Siehst du, du kannst doch, wenn du nur willst!
2. Erstens kommt es anders als man zweitens denkt.
3. Du bist ganz erstaunt über dich selbst, was?
4. Das freut mich für dich.

(3 und 4 sind richtig, weil sie das Gefühl aufgreifen, das in der Aussage Ihres Kindes verdeckt ist. 1 tut weh, weil es einen indirekten Tadel enthält: Du bist manchmal faul! Und 2 ist ein unsinniger Allgemeinplatz.)

Ihre Tochter kommt mit einem jungen Mann nach Haus, dessen Aufmachung Ihnen nicht paßt. Außerdem ist Ihre Tochter ziemlich schnippisch. Sie kennen aber den Grund ihrer schlechten Laune nicht. Nachdem der junge Mann gegangen ist, sagen Sie zu Ihrer Tochter:

1. Der Kerl kommt mir nicht mehr ins Haus!
2. Kannst du mir mal verraten, was du an diesem Papagei findest?
3. Du magst ihn, nicht wahr? – Erlaube mir trotzdem eine Bemerkung...
4. Warum bist du so schlecht gelaunt? Hat es etwas mit mir zu tun?
5. Also, ich finde deinen Bekannten recht eigenartig. Er mag ja seine Qualitäten haben, aber muß das denn sein? Und dann auch noch frech werden!

(1 reizt zum Widerspruch, weil hier ein unbegründetes Verbot ausgesprochen wird. 2 verschlüsselt den eigenen Ärger und provoziert Ihre Tochter. 3 ist richtig, weil es eine Anfrage ist und zum Gespräch überleitet. 4 ist nicht ganz falsch, vermeidet aber das Aussprechen der eigenen schlechten Laune. In der 5. Antwort vermengen Sie die Personen: Sie sprechen von Ihrem persönlichen Befund – was heißt hier »eigenartig«? –, von den anonymen Qualitäten des Bekannten und von der Frechheit Ihrer Tochter. Ein bißchen viel für den Einstieg zu einem fairen Gespräch. Es könnte übrigens sein, daß Ihre Tochter deshalb so schnippisch wurde, weil sie Ihre verschlüsselte Ablehnung gemerkt hat. Da reicht schon ein herablassender Blick, eine distanzierte, kühle Begrüßung.)

Wenn uns verschiedene Antworten jeweils vorlägen, würden wir mit großer Wahrscheinlichkeit die richtige wählen. Es ist auch für den Geübten nicht immer einfach, seine eigenen Empfindungen wie auch die seiner Gesprächspartner aufzudecken.

Der psychologisch geschulte Leser wird inzwischen gemerkt haben, daß ich hier die Regeln der Gesprächstechnik benutze. Wir alle sollten lernen, mehr auf die Nöte und die verletzten Gefühle unserer Nächsten einzugehen, biblisch formuliert: uns selbst zu verleugnen, zum Beispiel so:

1. Aktiv zuhören und ausreden lassen. Nicht ins Wort fallen oder sich während des Redens anderer die passende Antwort zurechtlegen.
2. Gefühle und Bedürfnisse des anderen heraushören und fragend spiegeln.
3. Ich-Botschaften bringen. Wir verstecken uns noch zu oft hinter dem »man«. (»Man tut sowas nicht!« statt »Ich wünsche das nicht!«)

Abschließend drei Beispiele für eine faire, wenn auch nicht immer schmerzfreie Kommunikation:
Erstes Beispiel:
A: *Sie halten sich wohl für besonders schlau, was? Mit dieser Masche kommen Sie bei mir nicht an.* (Unterstellung, Deutung)
B: *Ich bitte um Entschuldigung, wenn ich einen Fehler gemacht haben sollte. Es war keine Masche, sondern gute Absicht.* (sachliche Korrektur)
A: *Das können Sie anderen erzählen, aber nicht mir!* (blockt ab)
B: *Mein Vorgehen mag naiv gewesen sein, ich habe das falsch eingeschätzt. Sie tun mir Unrecht, wenn Sie mir andere Motive unterstellen.* (Ich-Botschaft, Korrektur)
A: *Mag sein. Sehen Sie zu, daß so etwas nicht mehr vorkommt!* (Einsicht, Appell)

Zweites Beispiel:
A: *Ich fühle mich überfordert mit dieser Aufgabe.* (Ich-Botschaft)
B: *Du meinst, es übersteigt deine Kräfte?* (Spiegelung, Anfrage)
A: *Ja. Ich schaffe das nicht. Ich habe dauernd Rückenschmerzen.* (Ich-Botschaft)
B: *Könnte es sein, daß dir diese Arbeit nicht liegt, ich meine, daß sie dir buchstäblich im Kreuz liegt?* (Rückfrage, Deutung)
A: *Das will ich nicht sagen. Aber ich wünsche mir mehr Pausen dazwischen. Es bleibt kaum Zeit zum Entspannen.* (Ich-Botschaft, Bitte)
B: *Gut. Entwirf mal einen konkreten Wochenplan nach deinen Vorstellungen. Wir sprechen dann darüber.* (Lösungsvorschlag)

Drittes Beispiel:
A: *Kurt, komm mal her. Wo warst du so lange?* (verschlüsselter Unmut)
B: *Bei Klaus. Das war so abgemacht.* (Rechtfertigung)
A: *Um 10 Uhr solltest du hier sein. Jetzt ist es 11 Uhr. Ich ärgere mich über die verlorene Stunde. Außerdem hatte ich Angst, es wäre etwas passiert.* (Ich-Botschaft, begründete Gefühle)
B: *Ich bitte um Entschuldigung. Wir haben uns noch ein Video angeschaut, und da verging die Zeit so schnell. Es tut mir leid.* (Einsicht, Begründung)
A: *O.k. In Zukunft bitte ich dich, die Absprachen einzuhalten oder mich anzurufen, wenn etwas dazwischenkommt. Klar?* (Akzeptanz, Lösung)
So einfach kann man miteinander reden. Man muß nur an die Regeln denken.

Die richtige Zeiteinteilung schafft Reserven

Time is money, Zeit ist Geld, heißt es. Dieser Spruch gilt jedoch nicht für alle Kulturen. Hier mögen Japan, Deutschland und die USA an erster Stelle stehen, denn der Zeitbegriff ist eine Frage der Kultur und der Sozialisierung. Das mußte ich in Tunesien, wo ich sehr häufig weilte, wiederholt schmerzlich erfahren. Dort gilt das »mañana-Gesetz«: Kommst du heute nicht, kommst du vielleicht morgen.

Ich kann mich nicht erinnern, daß je Termine bei den tunesischen Behörden und Terminabsprachen beim Gouverneur und Bürgermeister auf Anhieb eingehalten worden wären. Wer zum Beispiel in Brasilien zu spät kommt, ist so angesehen wie bei uns jemand, der pünktlich ist. Die Erklärung dafür ist sehr aufschlußreich: Wer ständig zu spät kommt, gilt als erfolgreich; man unterstellt ihm einen höheren sozialen Status. Das mag einer der Gründe sein, weshalb es auch bei uns Menschen gibt, die regelmäßig zu spät kommen, nicht weil sie tatsächlich erfolgreich und terminüberladen sind, sondern weil sie sich selber diesen Anschein geben wollen.

Allerdings gilt dies nicht für jeden Unpünktlichen. Ein Schüler beispielsweise, der zuverlässig um zwei bis drei Minuten zu spät zum Unterricht kommt, dürfte kaum terminüberlastet sein. Hier kann der unbewußte Drang, für kurze Zeit die Blicke auf sich zu ziehen, also im Mittelpunkt zu stehen, ein Motiv sein. Oder aber er will andeuten, daß er eigentlich gar keine Lust hat und am liebsten ganz zu Hause bleiben möchte.

Es sind nicht wenige Leute, die mit ihrer Zeiteinteilung nicht zurechtkommen, sofern sie überhaupt einteilen. Und das hängt wiederum davon ab, aus welchem Elternhaus sie stammen. Ein Kind von Eltern in einfachen Tätigkeiten ist eher gegenwartsorientiert, während ein Kind von Lehrern, Managern und anderen gehobenen Berufen häufig zukunftsorientierte Werte bevorzugt. Menschen der ersten Kategorie sind übrigens der Meinung, sie hätten keinen Einfluß auf ihren Erfolg; Angehörige der zweiten Kategorie sind zielstrebig und davon überzeugt, ihr Schicksal selbst bestimmen zu können. Zukunftsbewußtsein wächst mit steigendem Gehalt, und mit ihm zugleich der geplante Umgang mit der Zeit. Der erfolgsorientierte Planer hält auch bei schwierigen Arbeiten durch, wenn das zum beruflichen Ansehen verhilft. Der fatalistische Mensch, zu dem eher ungelernte Arbeiter, aber auch so manche Hausfrauen zählen, glaubt, daß es keinen Sinn hat, zu weit vorauszuplanen, weil es ja doch selten so kommt, wie man es geplant hat. Und während der gegenwartsbezogene Zeitgenosse eher spontan entscheidet, setzt sich der zukunftsbezogene Kollege Teilziele und schreibt sich auf, was alles zu tun ist.

Der Satz »Zeit ist Geld« verführt zu der Annahme, daß Geschwindigkeit Fortschritt bedeutet. »Was mache ich nur, wenn am Ende des Geldes noch soviel Monat übrigbleibt?« könnte er fragen. Wer Eile hat, ist nicht sehr kultiviert, sagte der Historiker Will Durant. In dieser Hinsicht sind die Indonesier äußerst kultiviert, gehören sie doch zu den langsamsten Menschen, wenn man Gehgeschwindigkeit und Bedienung im Restaurant im interkulturellen Vergleich anschaut.

Wir müssen uns tatsächlich fragen, ob wir mit unserer Zeit richtig umgehen. Sind wir nicht längst Sklaven unserer Termine geworden? Ein Pfarrer, der nicht mehr zum Beten kommt, weil er so viel zu tun hat, verliert sich im Funktionalen. Ein Lehrer, der schauen muß, daß er mit seinem Lehrstoff durchkommt, wird sich wohl kaum von Störungen im Unterricht aufhalten lassen; er kann auch nicht in Ruhe auf die langsamen Schüler eingehen. Das System erlaubt ihm keine zeitraubenden Zuwendungen an störende und gestörte Schüler. Selbst bei der Bundesbahn bricht alles zusammen, wenn auch nur ein Zug Verspätung hat und die Anschlußzüge warten müssen. Und weil sie nicht warten, vertut ein Heer von Zugreisenden seine Zeit an öden Bahnhöfen oder in rauchvergilbten Bahnhofsrestaurants. Doch gibt es immer noch Zeitgenossen, die solche Zeit genießen, denn

bis der Zug weiterfährt, bis der Arzt mich ruft und bis die unpünktliche Freundin erscheint, kann ich schon mal etwas zur Entspannung tun.

Auf diese Weise schaffe ich mir Energiereserven. Es gibt also keine verlorene Zeit.
Ein anderes Problem betrifft die Einteilung der Arbeitsphasen. Hier verzetteln sich viele arbeitswütende Menschen. Aber auch arbeitsmüde Leute kämen besser weg, wenn sie den Tag in kurze Abschnitte unterteilen und sich dazwischen Freiräume schaffen würden. Da immer einmal etwas Unvorhergesehenes dazwischenkommen kann, sind solche Pufferzonen notwendig. Eine zu enge Terminanhäufung schadet der Psyche und der Kreativität. Prüfen Sie einmal, ob Sie auch regelmäßige Zeiten für sportliche und kulturelle Aktivitäten vorgesehen haben!
Schüler und Studenten tun sich schwer mit einer geplanten Arbeitszeit. Sie haben nicht lernen gelernt. Ich empfehle folgende Strategie:
Nach dem Mittagessen eine kurze Ruhepause (vielleicht Autogenes Training).
Jetzt mit dem leichtesten Lernstoff beginnen. Das bringt die Arbeit vorwärts und motiviert.
Anschließend den zweitschweren Stoff vornehmen.
Nach 90 Minuten eine Pause von 15 Minuten einlegen.
Danach den schwersten Stoff in Angriff nehmen.

Pause, eventuell Autogenes Training, auch ein Imbiß ist zu empfehlen.

Erledigung der restlichen Aufgaben bzw. Wiederholung.

Tapetenwechsel. Sport oder Treff mit Freunden, Hobbypflege.

Abendessen.

Dieses Modell hat sich bewährt. Jeder muß aber seine eigene Art finden und Rücksicht auf seine biologischen Bedürfnisse und Grenzen nehmen. Ein Morgenmuffel tut sich keinen Gefallen, wenn er die asketische Arbeitsmoral des Frühaufstehers kopiert. Bekanntermaßen sind die Höhepunkte der Arbeitsleistung und Konzentration zwischen 9 und 11 Uhr morgens und zwischen 15 und 17 Uhr nachmittags. Idealtemperatur: ca. 20 Grad Celsius. Wir wissen, daß in südlichen Ländern die Leistungskurve anders aussieht. Dort ist die lange Siesta am Nachmittag keineswegs Ausdruck einer bequemen Arbeitsmoral, sondern gesundheitliche Notwendigkeit.

Ich bin häufig auf Reisen und muß meine Termine so legen, daß Vorträge in Hamburg, Wien und Meran nicht hintereinanderfolgen und danach wieder Lübeck dran ist, dem zwei Tage später Den Haag und Budapest folgen. Ein solcher geographischer Zickzack-Kurs kann nerven. Also bündele ich alle Verpflichtungen und ordne sie geographisch zu. Dazwischen werden freie Tage gesetzt.

Natürlich gehört zu einer klugen Arbeitseinteilung und psychohygienischen Vorgehensweise auch die Fähigkeit, Anfragen abzulehnen und unwichtige Verpflichtungen aufzuschieben. In dieser Hinsicht bin ich selber noch sehr lernbedürftig...

Finden Sie heraus, was für ein Typ Sie sind. Nicht jeder vermag sich zu erholen, wenn er einmal im Jahr seinen ganzen Urlaub nimmt und dann wieder elf Monate malocht. Manchmal ist es ratsam, den Urlaub zu teilen, vor allem bei Schichtarbeitern und bei Sechs-Tage-Beschäftigten.

Die Sterne werden Ihnen kaum sagen, wo es langgeht; allenfalls Ihr Biorhythmus. Am besten befragen Sie Ihren Instinkt; der weiß es.

Wie wir uns selbst die Zeit stehlen

Momo hat Zeit. Türken haben Zeit. Gott hat Zeit. Nur die Deutschen haben keine Zeit. Wieso? Weil wir uns hetzen lassen von zu vielen Aufgaben gleichzeitig. Weil wir alles perfekt machen möchten und deshalb nie fertig werden. Weil wir meinen, tüchtige und erfolgreiche Leute müßten stets knapp an Zeit sein. Ein deutsches Problem. Und ein amerikanisches. Nehmen wir an, Sie hätten sieben Stunden Zeit für eine bestimmte Aufgabe, die in vier Stunden getan werden kann. Werden Sie sie zügig durchführen und sich dann entspannen? Oder läßt dies Ihr Gewissen (oder Ihr Chef) nicht zu? Gut, dann trödeln Sie eben und verteilen diese Vier-Stunden-Aufgabe auf den gesamten Vorrat von sieben Stunden. Welche Verschwendung! Und wie viele Workaholiker brauchen den Berg an Arbeit, um sich nützlich zu fühlen!

Arbeit pflegt sich so auszudehnen, daß sie jeden für sie verfügbaren Zeitraum ausfüllt.

Wenn Sie keine Untätigkeit ertragen können, werden Sie, um geistig ein bißchen auszuspannen, sofort das Fernsehen einschalten, ein Rätsel lösen, ein Buch zur Hand nehmen oder sonst etwas tun, um die Angst vor der Leere zu verdrängen. Damit vermeiden Sie auf jeden Fall Auseinandersetzungen mit sich selber. Natürlich sind Sie im Grunde anders, nur kommen Sie nicht dazu, anders zu sein. Geschäftigkeit soll das Unbehagen am eigenen Ich zudecken.

Ein anderer wunder Punkt: Wenn Sie sich für eine bestimmte Aufgabe zu wenig Zeit eingeräumt haben, sie aber nicht verlängern können, weil sofort ein neuer Termin folgt, werden Sie diese Aufgabe gar nicht erst in Angriff nehmen. Es lohnt sich nicht, etwas anzufangen, das bald wieder unterbrochen werden muß. Wie aber nutzen Sie solche »Kleckerzeiten«? Viele tun einfach irgend etwas, nur um das Gefühl zu haben, beschäftigt zu sein. Schade, sie könnten zum Beispiel Autogenes Training üben oder nichts tun.

Andere wollen sich für gewisse Arbeiten erst in Stimmung bringen oder die Inspiration abwarten und schieben ihre Tätigkeit so lange hinaus, bis der Zeitdruck keinerlei Zögern mehr erlaubt. Auf diese Weise entsteht das Gefühl, sie könnten am besten unter Zeitdruck arbeiten. In Wahrheit aber haben sie nie gelernt, richtig zu planen. Dahinter steht oft das Bild vom fröhlichen Nichtplaner, der bis spät in die Nacht arbeitet, wenn er Lust dazu hat, aber spontan ins Schwimmbad geht, wenn die Sonne scheint. Tatsächlich verliert jedoch dieser Tagträumer und Nachtarbeiter mehr Zeit als derjenige, der seine Verpflichtungen zeitlich weit genug plant.

Wer seine Zeit totschlägt, hat keine Ziele oder keine Prioritäten. Oder er hat nie gelernt, die »leere Zeit« auszuhalten. Er lebt vielleicht schuldvoll im Gestern und angstvoll im Morgen, nicht aber entspannt im Heute.

Stellen Sie sich vor, ein Lehrer gäbe den Unterrichtsstoff einer Woche als Hausaufgabe: 100 Rechenaufgaben, 20 Lesebuchseiten, zwei Diktate, ein Gedicht, zwei Zeichnungen, die Zehn Gebote... Der Schüler würde es vorziehen, sich das Bein zu brechen und zu Hause zu bleiben. Aufgeteilt nach Fächern und Stunden verliert dieses Pensum seinen Schrekken. Am Ende bleibt noch genügend Freizeit. Doch das Fehlen einer systematischen Planung ist der Hauptgrund für das Scheitern vieler freiberuflich und eigenständig arbeitender Menschen.

Stundenpläne helfen, das Arbeitspensum in kleinere Abschnitte zu zerlegen, das Gefühl der Überlastung fernzuhalten und freie Zeit zu gewinnen.

Die Zeit ist absolut gerecht verteilt: Jeder hat 60 Minuten pro Stunde. Ungleich sind nur die Aufgaben, das Arbeitstempo und die Zeitplanung. Menschen, die ständig zu spät kommen und selten etwas fristgerecht zustande bringen, leiden nicht so sehr am Zuviel ihrer Verpflichtungen, sondern am Unvermögen, rationell und zeitsparend zu planen. Ihr Pensum gleicht jener Einkaufstasche, in der die Pakete kreuz und quer liegen und viel leeren Raum versperren. Manchmal ist Zeit Geld; doch oft genug wäre sie Entspannung, in der man das Geld sinnvoll anlegen oder ausgeben könnte. Die Genußfähigkeit geht verloren, wenn Muße mit Faulenzen verwechselt wird.

TEIL II

Wie lassen sich hohe Belastungen meistern?

Die Anforderungen an uns steigen. Vor allem im Beruf: Der Wettbewerb ist härter geworden. Die Erwartungen der Chefs, der Kunden, der Mitarbeiter sind gestiegen. Aufgaben haben sich verändert. Arbeitsplätze sind gefährdet. Wie ist das bei Ihnen? Was mußten Sie zusätzlich verkraften? In welchem Maß haben sich die Belastungen aus Ihren beruflichen Anforderungen in den vergangenen drei Jahren verändert? Wenn Sie diesen Druck ebenfalls spüren: Was haben Sie bisher unternommen, um die gestiegenen Herausforderungen aktiv anzugehen und erfolgreich zu bewältigen?

Wie haben Sie reagiert? Haben Sie ganz einfach noch mehr Zeit investiert? Haben Sie sich den Illusionisten angeschlossen, die sich einreden wollen: »In ein, zwei Jahren wird alles wieder besser sein!« Aber wenn Sie sich nichts vormachen, dann wissen Sie: die Anforderungen an Sie werden nicht geringer. Im Gegenteil: Die Markt- und Wettbewerbsbedingungen werden noch härter, die Veränderungen weitreichender, gravierender. Die Erwartungen der Mitarbeiter, der Chefs sowie Ihrer Kunden werden weiter steigen, und damit die Anforderungen an Sie.

Wie häufig arbeiten Sie jetzt schon unter Hochspannung, sind manchmal bis zum Zerreißen angespannt und unternehmen dennoch wenig, um die eigene Leistungsfähigkeit zu erhalten? In Gesprächen höre ich häufig das Argument: »Dafür bleibt mir doch keine Zeit mehr! Was soll ich denn noch alles tun?« Unter dieser vordergründigen Abwehr liegt vielfach die nackte Angst, die Befürchtung, daß die Gesundheit bleibende Schäden erleidet, daß irgendwann die Nervenstärke nicht mehr reicht, um anfallende Entscheidungen richtig zu treffen. Viele wissen auch, daß die Balance zwischen Arbeit und Freizeit, zwischen Beruf und Familie nicht mehr stimmt. Wenn es um die eigene Person geht, beobachte ich häufig auch eine trügerische Hoffnung oder eine illusionäre Erwartungshaltung: »Mich erwischt es nicht! Nur die anderen!«

Sind Sie bereit, dieses Tabu-Thema anzupacken? Trotz der bedrohlichen Einleitung? Dann überprüfen Sie doch Ihre derzeitige Situation. Anhand von einigen Fragen können Sie Bilanz ziehen. *Ihre* Bilanz! Um Erkenntnisse zu gewinnen.

Wie belastet sind Sie zur Zeit? Wagen Sie eine Angabe in Prozent im Vergleich zum langfristig Ertragbaren.

In welchem Maß setzen Sie derzeit ein Gegengewicht? Was tun Sie für einen angemessenen Ausgleich?

Wie werden sich die Anforderungen an Sie in den nächsten zwei bis drei Jahren verändern?
Sollten Sie einen Handlungsbedarf festgestellt haben: Was sind Sie bereit zu unternehmen, damit Sie langfristig Ihre Gesundheit und Ihre Leistungsfähigkeit erhalten? Was also tun?
Hier meine Empfehlungen:

1. Halten Sie sich körperlich und geistig fit.
Ich muß Ihnen jetzt nicht sagen, was Sie alles tun können, um Herz und Kreislauf, Rückenbereich und Gelenke in Form zu halten. In geistiger Hinsicht empfehle ich Ihnen:
Realistisch und positiv zu denken.
Selbst in Widerwärtigem noch etwas Gutes zu finden (Goldwäscher-Mentalität).
Das Fach- und Allgemeinwissen auf dem laufenden zu halten.
Ihr Selbstvertrauen zu steigern.
Gefühle und Bedürfnisse wahrzunehmen und angemessen auszudrücken.

2. Regenerieren Sie regelmäßig Ihre Kräfte.
Ernähren Sie sich vollwertig. Entspannen Sie sich gezielt.
Lernen Sie, besser zu atmen.
Schaffen Sie sich »Quellen der Freude«.

3. Konzentrieren Sie Ihre Kräfte durch
schöpferische Visionen,
wirksame Ziele, klare Prioritäten,
sinnvolles Tun.

4. Schaffen Sie sich Reserven, indem Sie Ihre Termine nicht zu dicht legen, also Zeitpuffer einplanen sowie zwischen den einzelnen Arbeitsprozessen kurz »durchatmen« (Energiereserven gewinnen). Und vor allem ist es von Nutzen, Überflüssiges zu meiden.

> Es gilt, nicht nur das Notwendige zu tun, sondern ebenso, das nicht Notwendige nicht zu tun.

Beklemmt Sie dieses umfassende Programm? Ist es Ihnen zuviel? Dann interpretieren Sie es doch als Angebot, aus dem Sie auswählen können. Ein Beispiel hierfür: Sie steigern in den nächsten zwei Monaten Ihre Ziel-Orientierung und konzentrieren dadurch gleichzeitig Ihre Kräfte besser auf das Wesentliche, auch dadurch, daß Sie sich immer wieder fragen: Tue ich die richtigen Dinge? Und dann erst prüfen: Erledige ich diese Dinge richtig?

Damit wird auch ein wesentliches Prinzip der Evolution angesprochen: sich immer wieder zu trennen! Vor allem dann, wenn der Ertrag den Aufwand nicht mehr lohnt. Die Konsequenz können Sie in jedem Wald beobachten: wie eine Eiche Äste absterben läßt, die zu wenig zur Gesamtentwicklung beitragen. Dieses »automatische« Überprüfen und konsequente Anpassen an veränderte Gegebenheiten funktioniert bei Bäumen anscheinend wie von selbst. Uns Menschen dagegen fällt das Loslassen schwer. Doch wir kommen nicht umhin, auf diesem wichtigen Gebiet konsequent zu handeln. Der Unternehmensberater Peter F. Drucker empfiehlt, wenigstens jedes zweite Jahr sich klar zu entscheiden, wohin wir unsere begrenzten Kräfte investieren. Gerade weil wir *nicht* »Kraft für alles« haben, macht sich eine Konzentration unseres Leistungsvermögens bezahlt.

Wenn Sie an Details zu den oben gegebenen Empfehlungen interessiert sind, finden Sie eingehende Erläuterungen in den entsprechenden Kapiteln dieses Buches. Wertvolle Anregungen, wie wir hohe Belastungen meistern können, liefert uns die Erkenntnis von Albert Einstein:

Perfektion der Mittel und Konfusion der Ziele kennzeichnen meiner Ansicht nach unsere Zeit.

Was wollen Sie in Ihrem Leben erreichen?

Wenn uns »Hektik befällt« – wie herrlich passiv ist doch diese Formulierung, bar jeder Selbstverantwortung! Deshalb jetzt besser: Wenn wir hektisch arbeiten, mit übersteigerter Betriebsamkeit unser Leben gestalten, dann resultiert dies meist aus der Tatsache, daß wir nicht klar entschieden haben, was wir wollen. Uns fehlt dann die Orientierung: die Rückbindung an Gott; das Wissen um den Sinn dessen, was wir tun; eine klare Vorstellung davon, was wir bewirken wollen. Für unsere Selbsterkenntnis oder unser Selbstmanagement ist deshalb erforderlich, sich immer wieder zu orientieren und die eigenen Kräfte zu konzentrieren durch klare Prioritäten, sinnvolles Tun, schöpferische Visionen, wirksame Ziele. Wichtig ist vor allem, zu entscheiden, welchen Sinn wir unserem Leben geben wollen. Dadurch konzentrieren wir unser Denken und Handeln auf das für uns Wesentliche, auf das, was zu unserem Wesen paßt, was stimmig ist für unsere Persönlichkeit.

Damit Sie künftig weniger »Hektik befällt« und Sie im Einklang mit Ihrem Wesen, Ihrer Persönlichkeit denken und handeln können, haben Sie jetzt die Chance, sich Ihre wichtigsten Ziele zu verdeutlichen. Nutzen werden Sie vor allem dann daraus ziehen, wenn Sie sich die folgenden Fragen konkret beantworten – möglichst schriftlich: Was ist mein Lebensziel? Was will ich in meinem Leben noch erreichen? Falls die Antwort hierauf Ihnen nicht spontan einfällt, dürfen Sie sich nicht wundern, wenn Sie immer wieder hektisch arbeiten und dadurch Kräfte vergeuden, wenn wenig Zufriedenheit aus Ihrem Tun resultiert und die entscheidende Portion Freude oder Glück in Ihrem Leben fehlt. Deshalb überlegen Sie sich:

Wofür wollen Sie da sein? Was sind lohnende Aufgaben für Sie? Woraus schöpfen Sie Kraft? Worin sehen Sie Sinn-Gehalte für Ihr Leben?

Womit würden Sie sich beschäftigen, wenn Sie über so viel Geld verfügen würden, daß Sie nicht mehr zu arbeiten bräuchten?

Was wollen Sie bewirken in der Zeit, die Ihnen (noch) zur Verfügung steht?

Welche Talente, welche Fähigkeiten wollen Sie bei sich selbst entwickeln?

Mit zufriedenstellenden Antworten auf diese Fragen wird es Ihnen leichter gelingen, ein Leben in Ihrem Sinne zu führen. Sie haben dann nicht nur herausgefunden, wovon Sie Ihre Existenz bestreiten, sondern auch wofür Sie leben können. Zusätzliche Selbsterkenntnisse und Orientierungsmöglichkeiten können Sie gewinnen, wenn Sie sich Ihre Wünsche und Ziele für weitere wichtige Teilbereiche Ihres Lebens klarmachen:

1. für Ihre Partnerschaft und Ihre Familie,
2. für Ihre derzeitigen beruflichen Aufgaben,
3. für ihr weiteres berufliches Engagement (Karriere),
4. für ihre Gesundheit (körperliche und geistig-seelische Verfassung),
5. für Ihren Freundes- und Bekanntenkreis,
6. für Ihre außerberuflichen Interessen (Steckenpferde, Kunst, Natur usw.).

Wenn Sie sich über Ihre persönlichen Ziele bisher nur unzureichend Gedanken gemacht haben, dann nutzen Sie doch diese Fragen dazu, sich selbst Klarheit zu verschaffen und sich festzulegen. Bitte berücksichtigen Sie auch:

Nur an klaren Zielen können Sie messen, ob Sie Fortschritte machen.
Nur mit klaren Vorstellungen können Sie sich gezielt weiterentwickeln.
Erfolge erreichen Sie vor allem mit »machbaren« (das heißt: kleinen) Schritten.

Das Vorrangige erkennen – und tun!

Niemand hat Kraft für alles! Darum hängen Ihre Leistungen und Erfolge entscheidend davon ab, wie gut es Ihnen gelingt, sich selbst immer wieder richtig zu orientieren. Eine gute Möglichkeit für diese Orientierung ist, Prioritäten zu setzen. Deshalb ist in jedem Management-Lehrbuch auch die Empfehlung zu finden: »Setzen Sie Prioritäten! Und überprüfen Sie Ihre Prioritäten regelmäßig!«
Dieser Teil des Orientierens ist unumstritten. Er ist zwingend, logisch. Andererseits wissen Sie aus Ihrem Alltag: »Logisch sein« und »realisiert werden« sind zwei Paar Stiefel. Sie wissen: Erfolge erzielen Sie nur, wenn Sie Ihre Kräfte konzentrieren. Wie schwierig ist es für Sie, klare Prioritäten zu setzen? Und fällt es Ihnen vielleicht noch schwerer, das zu *tun,* was Sie als vorrangig erkannt haben?
Interessiert es Sie, warum Sie so handeln, durch welche Beweggründe Sie sich von einem Weg abbringen lassen, den Sie als richtig erkannten? Zum einen durch Einwirkungen von außen: durch Vorgaben des Chefs oder Veränderungen von Märkten oder Kundenwünschen. Solche äußeren Zwänge sollen hier außer Betracht bleiben. Konzentrieren wir uns auf Beweggründe, die in Ihnen selbst liegen. Wenn es Ihnen schwerfällt, klare Prioritäten zu setzen, können Sie dies si-

cherlich zum Teil rational, mit »Logik« begründen. Sie kennen zum Zeitpunkt der Entscheidung wichtige Fakten nicht: Was wollen Ihre Kunden? Können technische und finanzielle Probleme rechtzeitig gelöst werden? Deshalb ist es objektiv schwierig, das richtige Pferd zu erkennen, auf das Sie setzen können. Darüber hinaus wirken jedoch noch subjektive Mechanismen, Kräfte in Ihnen selbst.

Wollen Sie ein weiteres, hochinteressantes Gebiet für Ihre Selbsterkenntnis betreten? Dann beobachten Sie sich doch ab und zu daraufhin, welche »guten Gründe« Sie immer wieder finden, um a) keine klaren Prioritäten festzulegen oder b) diese Prioritäten nicht einzuhalten.

Es ist wichtig, daß Sie dieses Nachforschen nach Ihren persönlichen Motiven vergnüglich gestalten. Sonst fehlt die Entdeckerfreude dabei. Sie geben dann vorzeitig auf und können manche wertvolle Einsicht nicht gewinnen. Gute Erfolge erzielen Sie jedoch dann, wenn Sie mit folgenden Grundhaltungen ans Werk gehen:

1. *Wohlwollend* mit sich selbst (wie ein guter Vater zu seinem geliebten Kind).

2. *Interessiert* (und sich freundlich schmunzelnd immer wieder sagen: »So bin ich *auch;* das ist *ein* Teil von mir«).

Bewährt hat sich, für diese »Reise zum eigenen Selbst« zwei Listen anzulegen (zum Beispiel in Ihrem Terminkalender).

Meine »guten Gründe«, warum ich jetzt keine klaren Prioritäten setze: ...

Meine »vernünftigen Erklärungen«, mit denen ich mich davon abbringe, meine Prioritäten einzuhalten: ...

Wünschen Sie noch Anregungen, worauf Sie besonders achten sollten? Wenn nicht, dann überspringen Sie bitte die beiden folgenden Absätze.

Wenn es Ihnen schwerfällt, Prioritäten zu setzen, dann prüfen Sie sich doch daraufhin, wie gut Sie sich entscheiden können. Dieses Entscheidenkönnen gelingt Ihnen um so leichter, je besser Sie zwei Voraussetzungen erfüllen: Erstens zu sehen, was das Wichtigste für Sie ist und deshalb Vorrang hat; zweitens benötigen Sie die Fähigkeit, verzichten zu können, und zwar verzichten auf die Vorteile der Alternativen. Jeder, der sich entschieden hat, kennt die Versuchung, auch nach der Entscheidung immer wieder die vermeintlichen oder tatsächlichen Vorteile der anderen Möglichkeiten zu betrachten. Im Alltag schwanken wir deshalb häufig zwischen den verschiedenen Lösungen. Daraus resultieren Unsicherheiten, Anspannungen und Kräfteverschleiß.

Fällt es Ihnen schwer, Ihre Prioritäten einzuhalten? Welche Motive könnten in diesem Fall vorliegen? Fassen Sie eher »gute Vorsätze«, die Sie dann nicht befolgen? Nur mit einem klaren Entschluß schaffen Sie die Voraussetzungen für folgerichtiges Handeln. Wie ist das bei Ihnen: Wie klar, wie entschlossen legen Sie sich fest? Welche »guten Gründe« finden Sie, damit es Ihnen immer wieder gelingt, scheinbar eindeutige Prioritäten nicht einzuhalten? Wenn Sie ganz rational nach Ihren Motiven suchen, gelangen Sie wahrscheinlich zu der Erkenntnis, daß Ihnen Selbstdisziplin fehlt. Doch mit dieser plausiblen Erklärung haben Sie noch nichts gewonnen, Sie sind einer gewünschten Veränderung keinesfalls näher gekommen. Für Ihre Selbsterkenntnis (und für Ihre Veränderungsmöglichkeiten) benötigen Sie deshalb einen wirkungsvolleren – und amüsanteren – Ansatz, nämlich auf das sogenannte »Unlogische« in Ihnen zu schauen. Sie werden dort eine Vielzahl wunderschöner Erklärungen finden, zum Beispiel mehr Spaß an den Tätigkeiten, für die Sie Ihre Zeit tatsächlich verwendet haben. Welche Motive finden Sie für sich heraus, an denen Sie dann gezielt ansetzen können, wenn Sie Veränderungen bewirken wollen?

Falsch wäre, wenn wir unterstellten, daß wir – weil vernunftbegabt – rational handeln. Für Ihre Selbsterkenntnis ist es günstig, wenn Sie sich immer wieder vor Augen führen: In welchem Maß steuern Sie sich mit Ihrer Rationalität und Logik? Und in welchem Maß lassen Sie sich vom sogenannten Unvernünftigen, von Ihrer »Psycho-Logik« leiten? Deshalb beachten Sie bitte: Wenn Sie künftig Prioritäten klarer setzen und dann auch einhalten wollen, legen Sie sich eindeutig fest. Entscheiden Sie sich dafür, die beiden Listen zu führen. Tun Sie dies mit der genannten positiven Grundhaltung: *wohlwollend und interessiert.* Sie handeln dann nach dem Motto:

> »Mit einem Tröpfchen Honig fange ich mehr Fliegen als mit einem Faß voll Essig!«

Ich wünsche Ihnen vergnügliche Selbsterkenntnisse, wenn Sie Ihre Begründungen betrachten, warum Sie sich nicht klar genug auf das Vorrangige festlegen und dieses dann auch verwirklichen. Wenn Sie Ihre »guten Gründe« sammeln, schaffen Sie sich zusätzliche Chancen, erfolgreich zu sein, hier verstanden als Befriedigung und Glücksgefühle, die daraus resultieren, daß Ihr Selbstbewußtsein steigt und Sie damit als Persönlichkeit wachsen. Zusätzlich gewinnen Sie Kraft für Wichtiges.

Die Kraft zum Sieg kommt aus dem Kopf

Möchten Sie Ihr Selbstvertrauen stärken?
Wollen Sie Ängste besser meistern können?
Oder haben Sie das Bedürfnis, gelassener, ruhiger zu handeln?

> Dann ist mentales Training das Richtige für Sie: Holen Sie sich doch Kraft, Mut, Gelassenheit oder Selbstvertrauen und Zuversicht aus einem für Sie hilfreichen Denken!

Unter mentalem Training verstehe ich, durch intensives Denken, durch geistige Übungsmethoden Einfluß zu nehmen auf das eigene Leistungsvermögen. Das heißt, Sie beschäftigen sich *gedanklich* (mental) eindringlich mit konkreten Vorstellungen, mit Worten oder mit Bildern. Dieses »Grips-Training« gestalten Sie so einprägsam, daß hiervon Ihr Verhalten beeinflußt wird. Ziel ist, Ihre Leistungsfähigkeit oder Ihr Wohlbefinden zu verbessern.
Zwei Beispiele für das Leistungsvermögen mentaler Trainings:
Die US-amerikanischen Astronauten wurden auf die bis dahin völlig neuen Anforderungen einer Mondlandung gezielt mental vorbereitet. Sie haben die erforderlichen Handlungen in Gedanken so trainiert, daß sie selbst schwierigste Aufgaben hervorragend meistern konnten.
Von Hochleistungssportlern wissen wir, daß deren mentale Fitneß den Ausschlag gibt über Sieg oder Niederlage. Entscheidend ist, daß der Athlet – zusätzlich zu seinem körperlichen Training – sein Denken auf Erfolg programmiert, daß es ihm gelingt, sein Vertrauen auf die eigenen Fähigkeiten zu stärken. Je nachdem, wie erfolgreich er sich mental einstimmt, stehen die Chancen für seinen Erfolg sehr gut oder weniger gut.
Diese Zusammenhänge können wir in einem Satz zusammenfassen:

Gewonnen wird im Kopf!

Warum führe ich diese Gedanken aus, obwohl Sie wahrscheinlich kein Astronaut oder Spitzensportler sind oder werden wollen? Diese Zusammenhänge gelten *für jeden* von uns, insbesondere für Menschen in anspruchsvollen Tätigkeiten, die sich selbst oder andere zielbewußt und positiv führen wollen.

Wie Astronauten oder Sportler müssen auch Führungskräfte Topleistungen bringen, gerade dann, wenn die Bedingungen im Umfeld nicht optimal sind. Sie müssen Mißerfolge »wegstecken« können, um ihren Kopf wieder frei zu haben für die nächsten Anforderungen. Menschen in leitenden Funktionen brauchen also ebenfalls eine gute Kondition im mentalen Bereich, eine Kondition, die sie fördern können durch ein geeignetes Training ihrer geistig-seelischen Kräfte.

Die Macht unserer Gedanken

Wie mächtig unser Denken wirkt, möchte ich mit zwei weiteren Beispielen belegen:
Die Forschung mit sogenannten Placebos hat bewiesen, daß mit Scheinmedikamenten erstaunliche Heilerfolge erzielt werden können. Sie enthalten keinerlei pharmakologisch wirksame Bestandteile, sondern lediglich medizinisch unwirksame Chemikalien wie zum Beispiel Kalk oder Traubenzucker. Entscheidend ist, daß Patient und verordnender Arzt an die Wirksamkeit des Scheinmedikaments glauben. Die mentale Einstellung löst also die heilenden Kräfte aus. Nicht das Mittel kuriert, sondern der feste Glaube daran.
Wenn Sie erleben wollen, wie schnell und wie direkt Ihr Denken Ihren Körper beeinflußt, dann machen Sie doch bitte folgendes Experiment: Stellen Sie sich eine reife, goldgelbe Zitrone vor. Sie schälen diese Zitrone, um dann herzhaft hineinzubeißen. Je konkreter Sie sich vorstellen, wie Sie in diese saftige, saure Zitrone hineinbeißen, um so stärker wird Ihnen der Speichel im Mund zusammenlaufen.
Allein Ihr Denken hat diesen Körpervorgang ausgelöst. In unseren Trainings zeigen wir mit weiteren (zum Beispiel kinesiologischen) Übungen, wie stark unsere Gedanken unsere gesamte Leistungsfähigkeit beeinflussen: die körperliche und

die geistige. In diesem Buch können wir solche Übungen leider nicht durchführen. Wahrscheinlich haben Sie aber selbst längst erfahren: Gedanken sind starke Kräfte! Sie wissen, daß Ihr Denken nachhaltig auf Ihr Wohlbefinden und Ihre Leistung einwirkt. Sorgen, Ärger, Neid und Haß oder eine traurige Nachricht vermindern Ihre Leistungsfähigkeit ganz erheblich. Je mehr Sie sich gedanklich damit beschäftigen, um so stärker fühlen Sie sich körperlich und in Ihren Antriebskräften beeinträchtigt. Sie wissen aber auch, daß eine freudige Nachricht Ihre Tatkräfte wesentlich zu steigern vermag: Sie fühlen sich wohler und leistungsfähiger. Wie nutzen Sie bisher die darin liegenden Chancen?

Mentaltrainings sind keine Erfindungen der Neuzeit. Sie dürften fast so alt sein wie die Menschheit selbst. Schon aus der Steinzeit sind Belege dafür überliefert: die Höhlenmalereien. Einleuchtend ist, daß Jäger, die sich intensiv in Gedanken mit den Lebens-, Verhaltens- und Fluchtgewohnheiten von Tieren beschäftigt haben, sicherlich die Wahrscheinlichkeit für Erfolge bei der Jagd steigerten. Insoweit hatten Höhlenmalereien magische Wirkungen. Auch die Bibel empfiehlt uns Menschen positive mentale Grundeinstellungen: Glaube, Zuversicht, positives Denken, Vertrauen zu Gott, Vertrauen zu anderen Menschen und zu uns selber. Glaube und Vertrauen können Berge versetzen. (Vergleiche Jörg Müller: »Stell dein Licht auf den Leuchter«). Schon vor 200 Jahren schrieb der Arzt C. W. Hufeland in seiner Vorrede zu »Die Macht des Gemütes« von Immanuel Kant: »Jedermann kennt die Kraft der Imagination. Niemand zweifelt daran, daß es eingebildete Krankheiten gibt und daß eine Menge Menschen an nichts anderem krank ist als an der Krankheitseinbildung. Ist es nun aber nicht ebenso möglich und unendlich besser sich einzubilden, gesund zu sein?« Sind Sie einverstanden mit meiner Schlußfolgerung, daß mentales Training keinesfalls »neumodischer Kram« ist, der auf den Bereich des

Sports zu begrenzen wäre und nur dort funktionieren würde, sondern daß wir alle davon profitieren können?
Ich unterstelle, daß Sie nicht zu der Minderheit von Naturtalenten zählen, die ihr mentales Training schon bisher zum eigenen Vorteil praktizieren, sondern daß Sie – wie sehr viele Menschen – sich häufig selbst negativ geistig einstimmen. Insoweit trifft eine bissig-spöttische Bemerkung zu: »Auch *Sie* arbeiten schon erfolgreich mit mentalem Training. Leider!« Zum Beispiel wenn Sie sich einreden, dies sei nicht Ihr Tag; heute seien Sie »schlecht drauf«. Oder wenn Sie eine Auseinandersetzung mit einer Ihnen unangenehmen Person eingehend in Gedanken durchspielen und dabei Verhaltensweisen mental trainieren, die unproduktive Lösungen ergeben (wie zum Beispiel: »Dem werd' ich's aber zeigen!«). Sie fördern Ihre Selbsterkenntnis, wenn Sie prüfen: Welche negativen Gedanken haben ich mir angewöhnt und in mein Denken eingepflanzt? Vor allem Selbstzweifel verselbständigen sich leicht, entfalten ein Eigenleben und schalten sich in unpassenden Momenten in unser Denken ein. Wir suggerieren uns dann unrealistische Meinungen über uns selbst und begrenzen dadurch unsere Fähigkeiten. Erfolgversprechender wäre, in solchen Situationen mit konstruktiven Selbstgesprächen dagegenzuhalten, um unser Selbstvertrauen zu stärken. Anregungen hierzu finden Sie in dem Abschnitt »Beispiele für aufbauendes Mentaltraining«. Auch in vielen Therapien wird negativ trainiert: dann nämlich, wenn vor allem die Beschwerden betrachtet werden, so daß die Klienten »durch die detaillierte Beschreibung ihres Leidens und ihrer Probleme in genau die Zustände *›hinein-hypnotisiert‹* werden, die sie vermeiden wollen.« (Psychologie heute, Heft 1, 1995)

Vorstellung schafft Wirklichkeit.
(Graf Keyserling)

Funktionsweisen unseres Gehirns

Die Wirkungsweise des mentalen Trainings können wir besser verstehen, wenn wir bedenken, wie häufig wir unbewußt handeln. In jedem Menschen laufen Programme automatisch ab, wie in einem Computer. Dies klingt möglicherweise befremdlich für Sie. Wir kreativen, vernunftbegabten Menschen sollen wie Computer funktionieren? Ja! Zumindest teilweise. Denn sonst könnten wir in unserem Alltag eine Vielzahl von Anforderungen nur mit erheblich größerem Aufwand bewältigen. Nehmen wir als Beispiel das Autofahren: Wir brauchen nach einiger Übung gar nicht mehr nachzudenken, wie stark wir am Lenkrad einschlagen müssen, um eine Kurve zu durchfahren. Oder mit wieviel weniger Überlegen schalten wir heute die Gänge im Vergleich zur Fahrschulzeit! Unser Training führte zu einer Automatisierung. Wir sparen dadurch Kraft und Zeit.

Auch beim Denken nutzen wir häufig diese Automatismen. Für viele Standardsituationen haben wir uns bestimmte Denkmuster angeeignet. Mit diesen antrainierten Programmen bewältigen wir die Anforderungen einer konkreten Situation, wie zum Beispiel Kontakt zu einem anderen Menschen herzustellen. Wir sind handlungsfähig, ohne jedesmal aufs neue nachdenken zu müssen. Diese Automatismen haben viele Vorteile, jedoch auch schwerwiegende Nachteile: Wir reagieren auch dann so, wie wir es vor Jahren gelernt haben, wenn dies nicht mehr zeitgemäß ist. Manchmal handeln wir gar nicht wie ein vernünftiger Erwachsener, sondern wie damals als Kind; jetzt also unangemessen. Zusätzlich haben wir viele falsche Vorstellungen von unseren menschlichen Qualitäten und unseren fachlichen Fähigkeiten in unseren »Computer« eingespeichert, Vorstellungen, die als negative Suggestionen wirken, durch die wir uns einschränken. Beispiele hierfür sind:

»Das kann ich nicht!« (zum Beispiel vor mehreren Menschen die eigene Meinung darlegen.)
»Dafür bin ich völlig ungeeignet!« (zum Beispiel zum Singen, Zeichnen, Malen.)
»In Streßsituationen bin ich immer hektisch und unkontrolliert!«
»Wenn das und das geschieht, dann *muß* ich mich aufregen!«
Wichtig für uns ist in diesem Zusammenhang, daß wir solche einschränkenden Programme mit mentalen Trainings verändern können. Zwar sind wir nicht in der Lage, unerwünschte Denk- und Verhaltensmuster einfach zu löschen. Wir können unseren »Computer« jedoch *ergänzen* durch neue Denk- und Verhaltensweisen, durch zusätzliche Verarbeitungsprogramme. Wenn wir diese Ergänzungen richtig trainieren, bahnen sich diese im Lauf der Zeit automatisch und unbewußt ihren Weg. Aus anfänglich ungewohnten Denk- und Verhaltensweisen werden selbstverständliche Programme. Wir können dann solche Situationen besser bewältigen.
Daß wir sogar Vorgänge in uns »umprogrammieren« und damit verändern können, die normalerweise *bewußten* Beeinflussungen entzogen sind, weiß jeder, der gelernt hat, zum Beispiel über Autogenes Training auf den Herzschlag oder auf die Vorspannung von Muskeln oder Blutadern Einfluß zu nehmen. Welche Konsequenzen können Sie aus diesen Funktionsweisen Ihres Gehirns ziehen? Wenn Sie die enormen Möglichkeiten nutzen wollen, die Ihnen ein für Sie geeignetes Mentaltraining bieten kann, dann ist es wichtig, daß Sie *gezielt* denken:

Konzentrieren Sie sich ganz bewußt auf für Sie hilfreiche Gedanken oder Vorstellungen.

Damit fördern Sie Ihr Wohlbefinden, Ihr Selbstvertrauen oder Ihre Fähigkeit, Anforderungen erfolgreich zu bewältigen. Sie steigern ganz wesentliche Faktoren für Ihren Erfolg und ein erfülltes Leben.

Voraussetzungen, damit mentales Training funktioniert

Unter welchen Voraussetzungen steigern Sie mit solchen geistigen Übungen die Wahrscheinlichkeit Ihres Erfolgs?

1. Notwendige Bedingung ist: Sie haben ein wirkliches Bedürfnis. Sie wollen künftig eine Sie belastende Situation besser meistern. Mentaltraining nützt Ihnen vor allem dann, wenn Sie damit einen Leidensdruck oder einen Herzenswunsch angehen.

2. Für dieses wichtige Bedürfnis formulieren Sie ein konkretes Ziel
positiv: Damit Sie erreichen können, was Sie anstreben, müssen Sie unbedingt das Prinzip «Positiv formulieren!« beachten. Weiter unten finden Sie die Erläuterungen hierzu.
klar: Was wollen Sie in welchem Ausmaß bis wann erreichen?
realistisch und optimistisch zugleich: auch »realistisch« derart, daß Überlastete sich nicht noch mehr abverlangen.
gegenwärtig: Formulieren Sie Ihr Ziel so, als ob Sie das Ergebnis schon erreicht hätten. Beispiel: ein Hochspringer sieht sich in seinem Mentaltraining über die Latte in der gewünschten Höhe fliegen, selbst wenn er diese Höhe *tatsächlich* noch nicht erreicht.

3. Suchen Sie sich für Ihr Ziel eine einprägsame, aktive, Sie bestärkende Formulierung.

4. Beschränken Sie sich stets auf ein Ziel für eine Zeit von sechs bis acht Wochen. Diese Konzentration fördert Ihren Erfolg.

Mit »aktive Formulierung« meine ich, daß Sie – wo immer möglich – Tätigkeitswörter wählen sollten. Leider gebrauchen wir im Alltag zu viele Hauptwörter und pflegen damit eine »Bürokratensprache«, in der wenig Kraft steckt.
Warum ist es wichtig, daß Sie Ihr Ziel *positiv* formulieren? Mit drei Beispielen möchte ich Ihnen die Bedeutung dieses Grundsatzes verdeutlichen: Erröteten Sie als Jugendlicher? Vor allem in Situationen, in denen Sie auf keinen Fall einen roten Kopf kriegen wollten? Was dachten Sie damals, kurz bevor Sie erröteten, zum Beispiel weil Ihr Schwarm auftauchte? Sie hofften wahrscheinlich inbrünstig: »Jetzt nur nicht rot werden! Jetzt nur nicht rot werden!« Oder welche Folgen handeln Sie sich ein, wenn Sie im Konzertsaal angespannt denken: »Jetzt nur nicht husten! Jetzt nur nicht husten!«? Als weiteres Beispiel nehmen wir einen Tennisspieler, der – in einer engen Situation – sehr intensiv denkt: »Jetzt nur keinen Doppelfehler! Jetzt nur keinen Doppelfehler!« Die Wahrscheinlichkeit ist sehr hoch, daß genau das eintritt, was wir vermeiden wollen, wenn wir uns eindrücklich einreden oder uns konkret vorstellen, was wir *nicht* wollen. Schon vor 100 Jahren gab der Apotheker Emile Coué, der sich sehr eingehend mit mentalem Training befaßte, diesem Phänomen den Namen »Das Gesetz der verwandelten Anstrengungen«.
Welche Folgerung ziehen wir daraus, wenn wir ein Mentaltraining praktizieren wollen? Damit der gewünschte Erfolg eintreten kann, brauchen wir eine positive Formulierung,

eine positive Vorstellung von dem, was eintreten soll, zum Beispiel: »Ich bin ganz ruhig, ich bin ganz ruhig!« statt »Ich rege mich nicht auf!« – »Meine Gesichtsfarbe ist wohltuend normal!« statt »Jetzt nur nicht rot werden!« – »Ball mit viel Schnitt mitten ins Aufschlagfeld!« statt »Jetzt nur keinen Doppelfehler!«

Etwas schwieriger wird es bei »Jetzt nur nicht husten!« Wenn Sie Autogenes Training beherrschen, können Sie sich sagen und vorstellen, wie Ihr Rachenraum angenehm feucht und entspannt ist. (Manche Menschen nehmen deshalb vorsorglich ein Bonbon.) Sie können aber auch einen großen Teil Ihrer inneren Anspannungen, die in Richtung »husten« zielen, dadurch abbauen, daß Sie sich sagen: »Husten ist gleichgültig!« Dies heißt für die Steuerungsprogramme in Ihrem Unbewußten, daß ein Husten »in gleicher Weise gültig« ist, also nicht schwerer wiegt als ein Nicht-Husten. Vielleicht fragen Sie sich jetzt, warum dies funktioniert? Das »Gesetz der verwandelten Anstrengungen« wird dann nicht wirksam, weil Ihre Befürchtungen verringert werden und Sie, da Sie weniger angespannt sind, sich das Husten nicht einsuggerieren.

Vielleicht klingt dies alles noch etwas kompliziert. Wenn Sie jedoch anfangen wie beim Klavierspielen und mit einfachen Übungen beginnen, ehe Sie zu anspruchsvollen Stücken übergehen, machen Sie positive Erfahrungen. Vor allem, wenn Sie stets das Prinzip der verwandelten Anstrengungen beachten.

> Vergegenwärtigen Sie sich das positive Ergebnis und fassen Sie es in einprägsame Worte!

Spitzenleistungen durch Visualisieren

Bei dieser Form des Mentaltrainings nutzen Sie zusätzliche Kräfte: präzise Vorstellungen oder klare Bilder, die eine noch stärkere Wirkung auf uns ausüben als Worte. »Ein Bild sagt mehr als 1000 Worte!« Entwicklungsgeschichtlich sind wir Menschen »Augentiere«. An einem einfachen Beispiel können Sie sich die unterschiedliche Wirkung selbst verdeutlichen. Wenn jemand zu Ihnen sagt: »Sie haben völlig recht!« und schüttelt dabei den Kopf, was glauben Sie eher: das, was Sie *sehen* oder das, was Sie *hören?*
Vor allem Leistungssportler gestalten ihr mentales Training mit Bildern oder einer Abfolge von Bildern, also einem »Film«. Sie können dies gut beobachten bei Fernsehübertragungen von Leichtathletik-Wettkämpfen: wie sich zum Beispiel ein Hochspringer seinen Anlauf, das Abspringen und den Flug über die Latte *vorstellt.* Wir Außenstehenden können dies häufig in der Konzentrationsphase vor dem Start sehen. Für Golf, Tennis und Surfen gibt es schon entsprechende Lernprogramme, teilweise auf Videokassetten.
Mentales Training mit Bildern können wir in unserem Alltag ebenfalls einsetzen. Wenn wir uns zum Beispiel vorstellen, wie wir – freundlich lächelnd – auf einen wichtigen Gesprächspartner zugehen, ihn liebenswürdig begrüßen usw., dann »visualisieren« wir eine positive Begegnung. Wenn Sie sich auf ein wichtiges Gespräch mental vorbereiten, ist es optimal, wenn Sie Ihre Freundlichkeit, Ihre Heiterkeit vor Ihrem geistigen Auge aufscheinen lassen. Durch Ihr Visualisieren spüren Sie, wie sich Ihr Gesicht entspannt, vor allem im Bereich der Augen und des Mundes, wie Sie ruhiger und tiefer atmen, wie Sie bereit werden für eine positive Begegnung mit einem anderen Menschen.
Denken Sie jetzt: Das ist doch zuviel Aufwand für eine Vorbereitung! Dann möchte ich Sie fragen: In welchem Maß be-

reiten Sie sich bisher auf wichtige Gespräche vor? Worauf legen Sie dabei das Schwergewicht? Lautet Ihre Antwort: auf die *Sache* natürlich!, dann möchte ich Ihnen zu bedenken geben: Welchem Verhandlungspartner kommen Sie selbst eher entgegen? Einem, der lediglich Sachaspekte sieht und anspricht, der sich vor allem auf das »Was« konzentriert und Ihnen immer wieder zwischen den Zeilen signalisiert, daß Sie ihm als Mensch völlig gleichgültig sind? Oder kommen Sie eher jemandem entgegen, der es versteht, eine menschlich angenehme Atmosphäre zu verbreiten, dem das »Wie« genau so wichtig ist wie das »Was«, der auf eine positive Beziehung zu Ihnen abzielt, die auch längerfristig tragfähig ist, der bewußt also auch auf *Ihre* Interessen achtet?
Nachgewiesen ist, daß unsere Leistungsfähigkeit und unsere Erfolge nicht nur von unserer Vernunft und unserem logischen Denken bestimmt werden. Bei Fortschritten in der Sache wirkt ganz entscheidend auch unsere innere Einstellung zu unserem Gegenüber mit. Optimale Ergebnisse erzielen wir, wenn wir fähig sind, alle unsere positiven Kräfte einzubringen, unsere körperlichen, geistigen und seelischen Potentiale gemeinsam einzusetzen und mit einer positiven inneren Grundhaltung zu handeln.

> »Ich habe nur dann ein gutes Geschäft gemacht, wenn auch mein Partner mit unserem Geschäft zufrieden ist!«
> (Jüdische Weisheit)

Welches Bild haben Sie bisher von sich selbst? Sehen Sie sich eher als die sachlich-logische *Fachkraft* oder eher als den zielbewußten, erfolgsorientierten *Menschen?*
Ihre Selbsterkenntnis könnte fördern, wenn Sie überlegen, in welchem Maß Sie bisher das so wichtige »Wie« in Ihre Vor-

bereitungen mit einbeziehen und ob Sie dies künftig stärker tun wollen, um auf diese Weise erfolgreicher zu werden und um persönlich zu wachsen. Beide Aspekte, die Sache und gute Wege zu Ihren Zielen, können Sie mental trainieren, insbesondere durch das bildhafte Vorstellen (Visualisieren). Weitere Hinweise hierzu finden Sie in dem Kapitel »Entwickeln Sie ein Wunschbild für sich selbst!«

Wollen Sie auf dem Gebiet »Visualisieren« Fortschritte erzielen, weil Sie unzufrieden sind mit dem derzeitigen Zustand? Oder haben Sie den Wunsch, sich selbst ein guter Manager zu sein? Dann bieten sich drei Schritte an:

1. Setzen Sie sich *ein klares Ziel.*
»Wer den Hafen nicht kennt, in den er segeln will, dem weht kein Wind günstig!« Auch für mentales Training mit Bildern gilt demzufolge: Sie brauchen eine präzise, positive Vorstellung vom gewünschten Ergebnis. Vermeiden Sie dabei Utopien, denn mit zu hoch geschraubten Erwartungen bewirken Sie Enttäuschungen statt Verbesserungen. Mit realistisch gesteckten Zielen dagegen erhöhen Sie die Wirkung Ihres mentalen Trainings. Ausdrücklich distanziere ich mich von der Vorstellung derjenigen, die verkünden: »*Alles* ist machbar, wenn man nur fest genug daran glaubt!« Dieser Machbarkeitswahn ist falsch. Sonst könnte jeder Größenwahnsinnige Box-Weltmeister im Schwergewicht werden. Noch einmal: Ich plädiere für realistische und zugleich herausfordernde Ziele. Keine utopischen, aber dennoch optimistische Ziele: Denn Mentaltrainings sind hochwirksam!

2. Suchen Sie sich für Ihr Ziel *positive Bilder.*
Diese Bilder finden Sie leichter, wenn Sie entspannt sind. Manchen Menschen gelingt dieses bildliche Sehen besser, wenn sie sich vorstellen, vor einer Filmleinwand zu sitzen und sich selbst auf dieser Leinwand als erfolgreich Handelnden zu

betrachten. Oder Sie fragen sich, was Sie freuen und vielleicht sogar mit Stolz erfüllen würde, wenn Sie Ihr Ziel erreicht hätten. Besonders wirkungsvoll sind Bilder, die Sie begeistern. Für den Fall, daß Sie solche faszinierenden Visionen gemeinsam mit anderen Menschen umsetzen wollen, suchen Sie sich zusätzlich eine kurze Beschreibung für Ihre Bilder: Worte, die auch die Mitbeteiligten ansprechen und positive Emotionen auslösen.

3. Üben Sie *regelmäßig und mit Freude.*
Bleiben Sie auch hierbei zielbewußt. Dann steigern Sie Ihren persönlichen Erfolg, beispielsweise weil Sie offener, freundlicher auf Ihre Mitmenschen zugehen können. Anfangs wird dies ungewohnt sein – wie das Erlernen des Autofahrens. Sie werden sich vielleicht auch unbehaglich fühlen. Nehmen Sie dieses Ungewohnte während der Trainingsphase hin. Konzentrieren Sie sich immer wieder auf Ihr positives Bild und auf die Sie bestärkenden Worte, also auf das, was Sie erreichen wollen, worauf Sie hinarbeiten. Führen Sie sich Ihr Wunschbild immer wieder als Tatsache vor Ihr »inneres Auge«, so, wie wenn Sie das positive Ergebnis bereits erreicht hätten. Sie können auch ein Foto, eine Skizze oder eine Collage von diesem angestrebten Zustand in Ihren Terminkalender einlegen und sich auf diese Weise immer wieder daran erinnern. Ganz wichtig ist, daß Ihnen Ihr mentales Training Freude macht! Das kann es nicht, wenn Sie die ganze Angelegenheit »bierernst« nehmen oder sich unter Erfolgsdruck setzen. Auch für Mentaltrainings gilt: »Mit einem Tröpfchen Honig fangen Sie mehr Fliegen als mit einem Faß voll Essig!«

> Man muß an sich selbst glauben. Das ist das Geheimnis.
> (Charlie Chaplin)

Wie trainieren?

Günstig ist, wenn Sie mehrmals täglich üben, wobei Sie sich Ihr positives Bild konkret vorstellen oder die Sie bestärkenden Worte vorsagen. Tun Sie dies ruhig, gelassen, konzentriert, ohne irgendeine Anstrengung. Besonders wirkungsvoll ist es, wenn Sie Ihr Training in entspanntem Zustand durchführen. Geeignet sind auch die Phasen kurz vor dem Einschlafen und gleich nach dem Aufwachen. Sie können aber auch beim Joggen oder Wandern trainieren oder auf dem Weg zu einer Besprechung (im Rhythmus Ihrer Schritte). Ich übe häufig, während ich Auto fahre oder bei monotonen Tätigkeiten im Garten, wenn ich zum Beispiel Kaminholz säge. Bewährt hat sich auch, das angestrebte Ergebnis täglich im Terminkalender zu notieren.
Konzentrieren Sie sich jeweils für sechs bis acht Wochen auf *ein Ziel*. Selbst wenn ein »rationaler Zweifler« sich in Ihnen immer wieder meldet und Ihr Training als »Quatsch« abtut: Bleiben Sie dran! Machen Sie weiter! Sie gewinnen dadurch auch an Achtung vor sich selbst. Überprüfen Sie lediglich, ob Ihnen die Formulierung »schmeckt«. Wenn nicht, wählen Sie eine für Sie besser geeignete Fassung. Beachten Sie dabei bitte das Prinzip »Positiv formulieren!«

Beispiele für aufbauendes Mentaltraining

Sie finden hier Beispiele für bestärkende Worte, sogenannte Affirmationen, mit denen Sie sich positiv »programmieren« können. Sehr hilfreich sind solche aufbauenden mentalen Programme in Zeiten, in denen Sie mit sich unzufrieden sind, mit sich hadern, an Ihren Kräften oder Möglichkeiten zweifeln. Vor allem für häufiger wiederkehrende Selbstvorwürfe oder Situationen, die Sie besonders belasten, ist es günstig,

wenn Sie sich »Gegen-Programme« schaffen. Wollen Sie Erfahrungen mit diesen Mentaltrainings sammeln? Dann wählen Sie aus den folgenden Beispielen einen für Sie geeigneten Leit-Satz aus und trainieren damit die nächsten sechs bis acht Wochen nach den oben genannten Regeln. »Für Sie geeignet« ist übrigens eine dieser Affirmationen dann, wenn Sie sich davon besonders angesprochen fühlen, aber auch wenn Sie eine spontane Abneigung verspüren. Perfektionisten reagieren häufig ablehnend bei der Affirmation »Ich bin liebenswert!« Denn die Suche nach Liebe ist ein wesentlicher Beweggrund für das Vollkommenheitsstreben von Menschen, die *in allem*, was sie tun, perfekt sein wollen, ohne daß ihnen dies bewußt ist. Eine spontane Ablehnung liefert also einen wertvollen Hinweis auf einen Trainingsbedarf.
Wenn Sie diese mentalen Programme nutzen wollen, dann rufen Sie sich in schwierigen Situationen ganz bewußt die trainierten Worte oder Bilder immer wieder in ihr Bewußtsein. Sie schaffen sich damit die Möglichkeit, »Katastrophen-Denken« gezielt zu ersetzen durch Sie bestärkende und aufbauende Vorstellungen.

> Man muß sich durch die kleinen Gedanken, die einen ärgern, durchfinden zu den großen, die einen stärken. (Dietrich Bonhoeffer)

Ich bin heiter, gelassen.

Ich bin positiv.

Ich bin zielbewußt.

Ich wage es, meine Chancen zu nutzen.

Ich sehe und genieße, was ich habe.

Ich bin zufrieden.

Ich akzeptiere und mag mich genau so wie ich bin.

Ich bin ruhig, sicher, zielbewußt (vor Streß-Situationen).

Ich bin in Ordnung. Ich beruhige mich (nach Auseinandersetzungen, die unbefriedigend verlaufen sind).

Ich kann mich gut entscheiden.

Ich bin motiviert, gebe mein Bestes.

Ich vertraue meinen menschlichen und fachlichen Qualitäten.

Ich bin gut so wie ich bin.

Ich freue mich meines Lebens.

Ich bin glücklich.

Ich bin dankbar.

Ich bin liebenswert.

Ich schaffe es.

Ich erwarte das Beste von mir und von anderen.

Ich vertraue mir und anderen.

In meinen Beziehungen zu anderen Menschen bin ich offen, fühle mich wohl.

Ich lebe bewußt, aktiv.

Ich trage (seine) Kritik gelassen.

Ich denke und handle sicher, klar (bei Lampenfieber).

Meine Aufgaben erledige ich mit Freude.

Ich fühle mich wohl in meiner Haut.

Mit frohem Mut geht alles gut!

In mir strahlt wie helles Licht
Freude, Weisheit, Zuversicht.

Gedächtnis arbeitet gut und schnell,
auch Namen haften auf der Stell.

Gläubige können auch folgende Bestärkungen wählen:

»Ich vermag alles durch den, der mich mächtig macht.« (Philipper 4, 13)

»Ist Gott für uns, wer kann wider uns sein?« (Römer 8, 31)

»Mit Gottes Hilfe schaffe ich es!«

Fazit: Mentales Training ist hochwirksam! So oder so: ob Sie es zu Ihrem Vorteil oder zu Ihrem Nachteil praktizieren. Und weil ich die enormen Möglichkeiten von Mentaltrainings immer wieder erfahren habe, bin ich davon überzeugt, daß stets ein großer Schuß Optimismus gerechtfertigt ist. Deshalb schließe ich dieses Kapitel mit einer sehr ermutigenden Erkenntnis von Julius Segal:

»Nur selten erahnen wir das gewaltige Ausmaß unserer Fähigkeiten!«

Wenn es Ihnen den Atem verschlägt

Angenommen, ein Kunde reklamiert oder Ihr Chef spricht sich gegen Ihre Vorschläge aus oder Sie wollen unter starkem Zeitdruck eine wichtige Unterlage erstellen: Wie atmen Sie in solchen Situationen? Eher flach und hastig, mehr im Brustbereich? Nutzen Sie nur die sogenannte Brust- oder Schlüsselbeinatmung? Halten Sie vielleicht sogar die Luft an? Oder atmen Sie ganz natürlich weiter, also tief, ruhig, gelassen, aus dem Bauchbereich heraus?

Weil es für Ihr Leistungsvermögen, für Ihre geistig-seelische Gesundheit so wichtig ist, möchte ich Sie dazu anregen, sich *zu beobachten*, wie Sie in schwierigen Situationen atmen. Es ist erwiesen, daß eine falsche Atmung Angstgefühle auslösen kann und umgekehrt.

Mit einem technischen Beispiel können Sie sich die Zusammenhänge verdeutlichen:

Wenn Sie eine Frau sind, verfügt Ihre Lunge über drei bis vier Liter Luft; als Mann steht Ihnen ein Liter mehr zur Verfügung. Nur ein leistungsstarkes Auto ist mit einem entsprechend großen Motor ausgerüstet, zum Beispiel ein Mercedes 300 oder 500! Wenn wir in Streßsituationen die Luft anhalten oder ganz flach atmen, dann legen wir große Bereiche unseres »Atem-Motors« still. Dies kommt einem Autofahrer gleich, der den Hubraum seines Wagens dann erheblich vermindert, wenn er die volle Leistung braucht. Ein törichtes Verhalten. Und doch tun dies viele von uns, sobald sie unter Streß stehen.

Das Ergebnis ist Ihnen sicher bekannt: Sie bringen nicht die erwartete Leistung; Sie kommen ins Stottern, ins Schwitzen; Sie haben das Gefühl, irgend etwas drücke Ihnen die Kehle zu. Ein Auto, so behandelt, wäre bald dahin. Der Mensch auch.

Wir können allerdings gegensteuern und gerade in stressigen Situationen dafür sorgen, daß wir »durchatmen«, daß wir mehr von unserem großen Hubraum nutzen. Deshalb ist es wichtig, sich in Belastungssituationen zu beobachten.

Ihre Atmung zeigt Ihnen untrüglich an, wie stark Sie sich verspannen und damit Ihre Leistungsfähigkeit einschränken.

Wer falsch atmet, dreht sich selbst die Sauerstoffzufuhr für das Gehirn ab. Abgespanntheit, Unlust, Müdigkeit, Konzentrationsmangel und Kopfschmerzen sind die Folgen. Dann helfen auch Kaffee oder gar Medikamente nicht. Da hilft nur die richtige Atmung. Und die läßt sich fast überall unauffällig trainieren: morgens beim positiven Einstimmen auf den Tag; auf dem Weg zum Arbeitsplatz; während einer langweiligen oder anstrengenden Sitzung. Oder wenn das Telefon läutet: erst einmal tief durchatmen, bevor Sie den Hörer abheben. Nur wenn Sie richtig atmen, schaffen Sie die notwendige Voraussetzung für Ihr volles Leistungsvermögen. Durch besseres Atmen gewinnen Sie zudem Ruhe und Gelassenheit und steigern Ihre Fähigkeit, sich auf das Wesentliche zu konzentrieren. Durch richtiges Atmen schöpfen Sie Kraft für Ihren Alltag!

Wenn Sie nun Ihre Atmung bewußt steuern wollen, kann es sein, daß Sie das Gegenteil dessen erreichen, was Sie wünschen: Sie geraten ins Stolpern. Wie ist das möglich? Eine Fabel verdeutlicht dies:

Eine Küchenschabe sieht einen Tausendfüßler, der elegant und harmonisch seine vielen Beinchen bewegt. Die Schabe hätte ihren Namen nicht verdient, wenn sie den Tausendfüßler einfach vorbeiziehen lassen würde. So richtet sie sich

etwas auf, spitzt ihren Mund und fragt mit honigsüßer Stimme: »Ei, lieber Herr Tausendfüßler, sage mir doch, wie machst du das nur, daß du deine vielen Beinchen mit so großer Anmut und Harmonie bewegst?« Der geschmeichelte Tausendfüßler bleibt stehen und denkt nach. Er überlegt, was er tun muß, um diesen harmonischen Rhythmus zu »machen«. Da ihm die Worte fehlen, will er es vormachen. Ganz bewußt will er seine Beine vorwärts setzen und der Küchenschabe zeigen, wie er dieses wohlkoordinierte Gehen »macht«.
Durch dieses bewußte Steuernwollen aber verheddern sich seine Beinchen. Die Koordination gelingt ihm nicht mehr. Je mehr er sich bemüht, je angestrengter er versucht, die Harmonie wiederzugewinnen, um so mehr mißlingt dies. Hohnlachend macht sich die Schabe davon.

Kennen Sie solche Situationen auch? Vor allem, wenn Sie etwas besonders gut machen wollen, etwas, das – scheinbar – selbstverständlich ist? Deshalb ist bei allen Atemübungen die richtige mentale Grundhaltung so wichtig: nämlich ganz entspannt *zu beobachten*, wie Ihr Atem aus- und einströmt. Praktizieren Sie dieses Beobachten sanft, spielerisch, aber konzentriert, ohne daß Sie bewußt irgendeinen Einfluß nehmen oder etwas an Ihrer Atmung ändern wollen. Im Autogenen Training heißt deshalb die Formel dazu: »Es atmet mich«, und nicht: »Ich atme.« Machen Sie sich auch klar, daß Ihnen dieses natürliche Atmen hilft: Sie finden dadurch zu mehr Ruhe. Sie sind imstande, sich auf das Wesentliche zu konzentrieren. Auf Grund dieser enormen Möglichkeiten bezeichnen Yoga-Lehrer den Atem als »Lenkrad des Lebens«. Wollen Sie dieses Lenkrad nutzen, um für Sie Wertvolles zu erreichen: Gelassenheit, Heiterkeit, Konzentration, Selbstvertrauen, Zuversicht?

So können Sie eine bessere Atmung trainieren:

Bitte üben Sie zuerst im Liegen: auf einer festen Unterlage, in einer ruhigen Umgebung, jedoch nie mit vollem Magen. Machen Sie gleich zu Beginn zwei tiefe Stoßseufzer und schließen Sie Ihre Augen. Beobachten Sie nun, wie tief Ihr Atem strömt. Dabei legen Sie eine Hand auf die Bauchdecke und spüren, wie sie sich auf und ab bewegt. Wenn sich im Bauchbereich nichts tut, dann atmen Sie falsch, nämlich im Brustbereich, also zu hoch. Beim Ausatmen muß sich die Bauchdecke senken, beim Einatmen heben. Bei vielen Menschen geht es genau umgekehrt; man spricht dann von einer paradoxen Atmung. Stellen Sie sich vor, Sie müßten eine Kerze ausblasen. Beim Ausblasen zieht sich Ihre Bauchdecke zurück. Üben Sie das einige Male. Es versteht sich von selbst, daß Sie keine beengenden Kleidungsstücke tragen sollten.
Wenn Sie Ihre natürliche, vertiefte Atmung im Liegen wieder gefunden haben, trainieren Sie im Sitzen: Heben Sie Ihre Schultern zweimal an und lassen Sie sie wieder fallen. Sie führen Ihre Schulterblätter leicht zusammen, so daß sich Ihr Brustkorb etwas weitet. Sitzen Sie aufrecht, wie wenn ein feiner Faden am Scheitelpunkt Ihres Kopfes befestigt wäre, der Sie sanft nach oben zieht. Sie prüfen dann: Sitze ich entspannt? Entspannt sollte sowohl die Sitzhaltung als auch Ihre Einstellung zum Üben sein! Beginnen Sie stets mit einer vertieften Ausatmung. Sie können auch mit einem tiefen Stoßseufzer anfangen. Dann warten Sie, bis die Einatmung von alleine kommt. Sie ist in der Regel etwas tiefer, als Sie es sonst gewohnt sind. Beobachten Sie anschließend Ihr natürliches, tiefes Atmen. Es kommt und geht ganz entspannt, baut sich wie eine sanfte Welle im Meer auf und läuft wieder aus. Nach einer kurzen Pause bildet sich die Einatemwelle aufs neue. Trainieren Sie dieses Beobachten ganz ohne Willensanstrengung. Denken Sie an den Tausendfüßler. Und wenn es nicht

sofort klappt, haben Sie Geduld mit sich. Was jahrelang falsch praktiziert wurde, läßt sich nicht von heute auf morgen beseitigen.

Für Fortgeschrittene genügt häufig schon ein vertieftes Ausatmen, dann ein Einatmen, das Sie geschehen lassen, und ein ruhiges, gezügeltes Ausblasen des Atems hinterher. Professor Dungl hat dies die »Sekunden-Rekreation« genannt: »Mit einem Atemzug können Sie alles wegblasen!« Ein Freund von mir praktiziert das sogenannte Jesus-Gebet. Er denkt beim Einatmen »Jesus Christus« und beim Ausatmen »erbarme dich meiner«. Dadurch ist er nicht versucht, seine Atmung zu »machen«. Außerdem befindet er sich auf diese Weise in einem ständigen Gebet; natürlich nicht den ganzen Tag, sondern hin und wieder.

Wollen Sie künftig das »Lenkrad Ihres Lebens« besser nutzen? Dann setzen Sie sich doch gleich ein konkretes Ziel, zum Beispiel: In Sitzungen atme ich immer dann natürlich, tief und ruhig, wenn andere das Wort haben.

> Durch richtiges Atmen schöpfen Sie Kraft für Ihren Alltag, steigern Ihre Leistungsfähigkeit, fördern Ihr Selbstvertrauen und gewinnen Ruhe.

Wie Sie mit Ihrer Atmung direkt Ihre Entspannung fördern können

Mit dieser Atmung können wir Ruhe und Harmonie in uns fördern oder Umschaltvorgänge unterstützen, durch die wir unsere »Batterie aufladen«. Diese Entspannungsatmung hat zudem den Vorteil, daß wir sie sogar direkt in Streßsituationen erfolgreich anwenden können: in einem schwierigen Gespräch, vor einer Präsentation; also mitten im Geschehen! Mit dieser Atmung nutzen wir Erfahrungen aus dem Yoga für uns, die Dr. Lindemann in sein Psychohygiene-Training integriert hat. Von seinen Empfehlungen profitiere ich persönlich seit vielen Jahren. Damit Sie ebenfalls Nutzen daraus ziehen können, habe ich Ihnen die Grundsätze kurz zusammengefaßt. Wichtig ist, daß Sie die Voraussetzungen beachten, die im vorhergehenden Kapitel beschrieben sind.

1. Vorbereitung
Sie nehmen eine geeignete Übungsposition ein: Sie setzen sich aufrecht hin, lockern beengende Kleidung, nehmen gegebenenfalls Ihre Brille ab, legen die Hände auf die Oberschenkel. Heben Sie dann zweimal Ihre Schultern an und lassen Sie sie wieder locker fallen. Führen Sie Ihre Schulterblätter leicht zusammen und spüren Sie nach: »Sitze ich entspannt?« Stimmen Sie sich auch mental positiv auf die Übung ein. Wichtig ist, daß Sie eine passive Grundhaltung einnehmen: Sie lassen diese Atmung geschehen. Aus dieser »absichtlosen« mentalen Grundhaltung heraus nehmen Sie das an, was Ihnen Ihr Organismus gibt. Sie üben konzentriert. Ihre Konzentration erfolgt leicht und spielerisch. Wenn irgendwelche Gedanken auftauchen, wenn Sie Geräusche hören: nur kurz registrieren, wahrnehmen, jedoch nicht weiter verfolgen. Sie lenken sanft, aber bestimmt Ihre Achtsamkeit zur Übung zurück.

2. Durchführung
Zuerst beobachten Sie etwa eine Minute lang, wie Sie tatsächlich atmen, wie sich Ihre Bauchdecke beim Einatmen hebt und beim Ausatmen senkt. Sie sammeln sich dabei, beobachten ruhig, gelassen, mit einer spielerisch leichten Konzentration, wie Ihr Atem jetzt fließt.
Anschließend gestalten Sie Ihre Entspannungsatmung. Sie beginnen, wie bei jeder Atemübung, mit einer vertieften Aus-

atmung, Sie warten, bis Ihr Einatmen von alleine einsetzt, und registrieren, daß dieses etwas tiefer als vorher erfolgt. Anschließend lassen Sie Ihre Einatmung geschehen, ohne daran irgend etwas ändern zu wollen. Dann beobachten Sie, wie Ihr Einatmen – ganz natürlich und ohne Pause – umkippt in das Ausatmen. Das Ausatmen zügeln Sie etwas, so daß es ein wenig länger erfolgt als das Einatmen. Und am Ende des Ausatmens machen Sie eine kleine, jedoch deutlich spürbare Pause. Beachten Sie bitte: Bei der Entspannungsatmung erfolgt die Ausatmung ruhiger als normal. Wichtig ist, daß Sie weder bei der Pause noch bei der leicht verlängerten Ausatmung etwas erzwingen. Es reicht, wenn Sie diese Übung ein bis zwei Minuten durchführen.

3. Die Entspannung weiter fördern

Zusätzlich können Sie während der gezügelten Ausatmung und während der Pause Entspannungsempfindungen in verschiedene Körperregionen strömen lassen: in Ihre Arme, Ihre Hände; von Ihrem Nacken über den Rücken bis in die Füße. Das verlängerte Ausatmen führt zu einer physiologischen Entspannung im gesamten Organismus; in allen Körperregionen breiten sich Entspannungsempfindungen aus. Nehmen Sie während der verlängerten Ausatmung und der Pause immer wieder die Entspannungsreaktionen wahr, die sich in Armen, Beinen, in der Nackengegend, im Gesicht ausbreiten; auch die Kopfhaut entspannt sich. Wenn Sie möchten, können Sie zusätzlich Ihre Entspannung dadurch fördern, daß Sie sich sagen: »Mein ganzer Körper kommt in Harmonie. Ich spüre die innere Ruhe. Ich fühle mich wohl in meiner Haut, rundherum wohl.« Dieses erweiterte Programm, mit dem Sie die Entspannung in verschiedene Körperpartien strömen lassen und dort registrieren, können Sie fünf bis zehn Minuten zusätzlich zur Entspannungsatmung durchführen.

4. Nachbereitung
Sie freuen sich und sind dankbar, wenn Sie sich jetzt wohler fühlen. Am Ende der Übung können Sie denken: »Die Ruhe bleibt. Die Entspannungsempfindungen verflüchtigen sich!« Wenn möglich, recken, strecken, dehnen Sie sich und gähnen genüßlich, wie das Katzen oder Hunde am Ende einer Ruhepause tun. Dieses Zurücknehmen Ihrer Entspannung sollten Sie auf jeden Fall dann *energisch* durchführen, wenn Sie anschließend am Straßenverkehr teilnehmen wollen.

Die Edison-Technik für sich nützen

In diesem Kapitel möchte ich Ihnen eine Arbeitstechnik vorstellen, mit der Sie zu guten Problemlösungen kommen können, und das mit einem geringen Kräfteaufwand. Benannt habe ich diese Problemlösungsmethode nach dem genialen amerikanischen Erfinder Thomas A. Edison, dem mehr als 1 500 Patente erteilt wurden. Er verstand also, neuartige Antworten auf interessierende Fragestellungen zu finden. Von ihm können wir eine erfolgversprechende Vorgehensweise lernen. Zusätzlich eröffnen wir uns damit die Chance, den Wunsch nach einem »Erkenne dich selbst!« auch mit Einsichten aus dem eigenen Selbstmanagement, also aus dem »Führe dich selbst!« zu befriedigen.
Mit der Edison-Technik finden wir leichter Zugang zu den Quellen unserer Kreativität, sowohl bei technischen als auch bei persönlichen Problemen. Der Ablauf ist einfach: lediglich drei Schritte sind erforderlich.

1. Sie stellen sich eine klare Frage. Entscheiden Sie sich, wofür Sie eine gute Lösung suchen; zum Beispiel: »Wie kann ich diesen Arbeitsablauf wirkungsvoller gestalten?« Sie können sich auch ein konkretes Ziel setzen: »Wie könnte ich dabei

mindestens 20 % Zeit einsparen?« Auch mehrere Fragestellungen zum gleichen Thema sind möglich. Bitte dann schriftlich festhalten.

2. Sie entspannen sich. Suchen Sie sich dafür einen Platz, an dem Sie etwa eine viertel bis eine halbe Stunde ungestört sind, je nach der Anzahl Ihrer Fragen. Praktizieren Sie ein entspannendes Atmen oder Autogenes Training. Wenn Sie möchten, legen Sie eine (ruhige) Musik auf, bei der Sie sich wohlfühlen. Sie bleiben während der gesamten Zeit gelöst, entspannt, interessiert.

3. Sie beobachten, welche Antworten Ihnen zu Ihren Fragen in den Sinn kommen. Bleiben Sie an jeder Frage wenigstens fünf Minuten, denn wichtige Gedanken brauchen häufig diese Zeit, bis sie uns bewußt sind. Zuerst registrieren wir die eher geläufigen, bereits bekannten, alltäglichen Antworten. Wichtig ist, daß Sie mit ablenkenden Gedanken passiv umgehen, sie nur kurz wahrnehmen und dann – ganz sanft und dennoch bestimmt – zu Ihrer Fragestellung zurückkehren. Nachdem Sie etwa fünf Minuten lang entspannt beobachtet haben, welche Ideen, welche Lösungen Ihnen zu einer Frage zufielen, schalten Sie um und notieren die Ihnen wichtigen Erkenntnisse. Dann lesen Sie die nächste Frage, atmen dabei tief und ganz natürlich weiter und beobachten wieder, welche Antworten Ihnen in den Sinn kommen. Dabei bleiben Sie entspannt, gelöst, interessiert.

Wie bei jeder Arbeitstechnik brauchen Sie auch hier etwas Übung, um die darin enthaltenen Möglichkeiten voll nutzen zu können. Sie werden jedoch von Anfang an erstaunliche Erfolge erzielen und zusätzlich feststellen, was schon Edison erkannt hatte: »Jedes gelöste Problem ist einfach.« Deshalb: Probieren Sie diese Vorgehensweise doch einmal aus!

Vielleicht kommen Sie dadurch auch zu der weiterführenden Erkenntnis:

> **Wenn wir die Dinge nicht allzu schwernehmen, lassen sie sich leichter lösen.**

Eine Goldwäscher-Mentalität praktizieren

Sie wissen: In *allen* Fakten, Meinungsäußerungen und Verhaltensweisen sind stets auch positive Aspekte enthalten. Der Volksmund kennt diese andere Seite derselben Medaille: »Wer weiß, wozu das gut ist!« Empfohlen wird damit, die hoffnungsvolle Grundeinstellung immer dann zu praktizieren, wenn ein angestrebtes Ergebnis nicht erreicht wurde. Lange Zeit blieb mir die darin enthaltene Weisheit verborgen. Ich hörte nur eine Floskel, eine Ausflucht, um eigene Passivität zu kaschieren. Vor allem durch die Erkenntnisse von Viktor E. Frankl (»Das Leiden am sinnlosen Leben«) wurde mir klar, daß selbst im Leid Sinngehalte verborgen sind.

Von hier aus war es nur noch ein kleiner Schritt: Es muß nicht gleich Leid sein! Aus jedem Mißgeschick können wir Nutzen ziehen, wenn wir wollen. Statt den Fehler zu beklagen oder uns selbst zu beschimpfen (»Wie konnte ich nur! Ich Idiot!«), sollten wir fragen: »Was kann ich daraus lernen?« Wir wachsen als Persönlichkeit, wenn wir unser Augenmerk bewußt auf die positiven Aspekte richten; wenn wir trainieren, die förderlichen, hilfreichen Anteile zu sehen, die in *jeder* Gegebenheit enthalten sind. Ich nenne dies eine »Goldwäscher-Mentalität« praktizieren.

In einem Film wird dargestellt, wie Goldwäscher in einem Fluß stehen und ihre Waschpfannen immer wieder mit Sand und Gestein füllen, in dem sie ab und zu auch ein Goldkorn

finden. Sehen Sie auch, daß diejenigen Goldwäscher erfolgreicher sein werden, die sich auf Goldkörnchen in ihren Waschpfannen konzentrieren?
Wie ist das bei Ihnen? In welchem Maß haben Sie bisher eine »Goldwäscher-Mentalität« entwickelt und richten Ihr Augenmerk stärker auf Brauchbares, auf das für Sie Nützliche, auf die Aspekte, die für Sie »nahrhaft« sind, aus denen Sie lernen können, die Sie persönlich weiterbringen? Suchen Sie ganz bewußt nach den Goldkörnchen in den Aussagen Ihrer Gesprächspartner. Damit anerkennen Sie die Beteiligten und kommen voran in der Sache. Konzentrieren Sie sich im Alltag bei der Erörterung von Problemen ganz bewußt auf Lösungsmöglichkeiten, weil Sie wissen: Schuldzuweisungen bringen Sie nicht weiter. Sie können die positive Sichtweise der Goldwäscher-Mentalität in vielen Bereichen Ihres Lebens praktizieren, wenn Sie dies wollen.

Suchen Sie stets das Goldkorn, das sich in jeder Sache verbirgt, auch im Negativen.

Die eigenen Leistungen anerkennen

Sind Sie daran interessiert, eine Technik kennenzulernen, mit der Sie Ihre mentale Fitneß steigern können, die Sie ganz einfach auf dem Nachhauseweg praktizieren, vor allem nach einem harten Arbeitstag, der – wie gewöhnlich – anders verlief, als Sie das geplant hatten? Dann können Sie profitieren von den Erfahrungen eines Geschäftsführers einer großen Verkaufsniederlassung (mit einem Umsatz von 600 Mio. DM pro Jahr):
Wegen starker Magenschmerzen mußte der Leiter dieser Niederlassung einen Arzt aufsuchen. Im Gespräch fanden sie die

Ursachen heraus: Dieser Chef dachte am Ende seines Arbeitstages sehr eingehend darüber nach, was er alles an diesem Tag hatte erreichen wollen, aber – aus welchen Gründen auch immer – nicht erledigen konnte. Er fixierte sich auf das Unerledigte und wertete dadurch sein Tun ab: »Ich hatte heute (wieder) keinen Erfolg auf diesem und jenem Gebiet!« Deshalb reagierte er – und in der Folge auch sein Magen – »sauer«. Unser Niederlassungsleiter gesundete schnell, als er das ungewöhnliche »Rezept« seines Arztes befolgte: Sobald er für die Heimfahrt die Autotür zuzog, lenkte er sein Denken ganz bewußt auf all die vielen Dinge, auch die kleinen, die er an diesem Tag erfolgreich erledigt hatte: ein gelungenes Gespräch mit einem wichtigen Kunden, eine erfreuliche Begegnung mit einem Mitarbeiter, eine mit Gelassenheit gemeisterte schwierige Situation.
Die Magenschmerzen unseres Niederlassungsleiters waren binnen kurzem wie weggeblasen, nachdem er diese besondere Form der Goldwäscher-Mentalität praktiziert hatte. Können Sie sich vorstellen, künftig auf Ihrem Nachhauseweg das Resümee Ihres Arbeitstages ähnlich positiv zu ziehen und bewußt Ihr Augenmerk darauf zu lenken, was Sie »geschafft« haben? Wenn ja: Wann beginnen Sie? Wie lange halten Sie eine »Probezeit« durch?

Wenn Sie stärker auf das achten, was Sie geleistet haben, wachsen Ihr Selbstvertrauen und Ihr Selbstbewußtsein. Sie tanken damit auch Kraft und schaffen günstige Voraussetzungen für weitere positive Ergebnisse. Denn Erfolg gebiert Erfolg!

Denken Sie positiv!

Was geht Ihnen durch den Kopf, wenn Sie hören: »Denken Sie positiv!«? Viele Menschen verstehen darunter, daß sie alles, was um sie herum geschieht, durch eine rosarote Brille sehen, »schönfärben« müßten und deshalb auch ihr Leben und ihr Umfeld verfälschen, unrealistisch machen sollten. Diese Variante des positiven Denkens bringt nichts. Nur wenn wir die Wirklichkeit so nehmen, wie sie ist, können wir Veränderungen bewirken. Nun ist aber »Wirklichkeit« nichts Objektives. In Anlehnung an Professor Watzlawick stelle ich Ihnen deshalb die Frage: Wie wirklich ist *Ihre* Wirklichkeit? Sie sehen – wie jeder Mensch – alles Geschehen durch Ihre persönliche, individuelle »Brille«. Und je nach Ihren Wertmaßstäben, Ihren Grundüberzeugungen, Ihrer Stimmung ist dann ein Glas halb voll oder halb leer. Dennoch: Nur wenn Sie von dem ausgehen, was *Ihre* Wirklichkeit ist, wird Ihnen positives Denken gelingen. Wir empfehlen Ihnen deshalb, für Ihr Denken einen positiven Realismus zu nutzen, sich leiten zu lassen von folgendem Prinzip:

Es ist, wie es ist!
Und ich suche nach einer Lösung!

Gehen Sie also aus von dem, was Sie als Problem sehen, und fragen Sie nicht danach, wer daran schuld ist, sondern bemühen Sie sich um gangbare Wege und annehmbare Ergebnisse. Nutzen Sie Ihr Denken und Ihre Vorstellungskräfte dafür, wie Sie aus der mißlichen Situation am besten herauskommen können. Sie begreifen das Problem also als Lernchance, Sie akzeptieren den Menschen, den Sie in dieser Situation als schwierig empfinden, so wie er ist und suchen mit ihm gemeinsam nach einer Lösung. Konrad Adenauer, der frühere

Bundeskanzler, empfahl: »Nimm die Menschen, wie sie sind. Du hast keine anderen!«
Zusätzlich könnte für Sie aufschlußreich sein, wenn Sie sich künftig ab und zu (wohlwollend!) prüfen, in welchem Maß Sie sich auf das konzentrieren, was Sie freut oder zufrieden macht, und wie intensiv Sie die Seiten des Lebens betrachten, die Sie traurig stimmen, Ihnen Freude und Kraft rauben und Sie niederdrücken. Ein Beispiel kann Ihre Selbsterkenntnis erleichtern: Nehmen wir an, es ist Frühjahr, Sie machen eine Wanderung durch einen lichten Laubwald. Das helle Grün der jungen Blätter freut Sie. Die Luft ist mild, Sie hören die Vögel zwitschern und fühlen sich rundum wohl. Da kommen Sie – völlig unerwartet – an eine wilde Mülldeponie: Ein Umwelt-Ferkel hat Autoreifen, Plastikteile und einen alten Kühlschrank mitten in dieser Idylle deponiert. Sie sind sauer und ärgern sich über diesen üblen Zeitgenossen. Wenn Sie wieder zuhause sind und an Ihre Wanderung denken, geht Ihnen dann die Idylle, in der Sie mehrere Stunden wanderten, oder die wilde Mülldeponie häufiger durch den Sinn? Was haben Sie also stärker in Ihrem Gedächtnis gespeichert: das Positive oder das Ärgernis? Falls Sie sich vor allem an die Umweltverschmutzung erinnern, könnte es dann sein, daß Sie sich allgemein stärker auf das Negative in Ihrem Leben konzentrieren? Wenn Ihre Sicht der Dinge also eher eine »Wirklichkeit der Schattenseiten« ist, dann lohnt es sich, eine Erkenntnis von Marc Aurel, dem römischen Kaiser und Philosophen, zu beachten, der schon vor 2000 Jahren sagte: »Die Seele nimmt mit der Zeit die Farbe unserer Gedanken und Bilder an.« Hilfreich könnte Ihnen dann der Leitsatz sein: »Ich pflege jeden Tag meine Fähigkeit, das Positive zu entdecken!«

Das Auge des Betrachters verleiht der Rose die Schönheit.

Was bin ich *mir* wert?

Wie Sie mit Fakten, mit Ereignissen oder mit Menschen zurechtkommen, hängt ganz entscheidend davon ab, worauf Sie Ihr Augenmerk lenken: ob Sie stärker auf das Positive schauen, auf das, was Ihnen nützt und gefällt, oder ob Sie mehr auf die Anteile achten, die – aus Ihrer Sicht – ungünstig sind. Wie schätzen Sie sich selbst ein? Achten Sie stärker auf Positives oder auf Negatives? Schauen Sie bei anderen Menschen, aber auch bei sich selbst, intensiver auf Stärken, das heißt auf die Seiten, von denen Sie profitieren können, oder auf Eigenheiten, die Sie oder Ihr Gegenüber kleiner machen?
Je nachdem, worauf wir stärker achten, bewerten wir unsere Mitmenschen und uns selbst anders und verhalten uns dann auch völlig unterschiedlich. Lautet unsere Beurteilung zum Beispiel für eine Nachbarin: »Die ist aber neugierig!«, so werden wir eher unfreundlich und weniger gesprächsbereit reagieren, wie wenn wir über dieselbe Nachbarin denken: »Die ist interessiert an den Menschen und am Geschehen hier im Haus!« Für unsere seelische Gesundheit wie auch für die Gestaltung unseres Lebens ist entscheidend: Welche Seite derselben Medaille betrachten wir intensiver?
Wenn Sie sich selbst besser kennenlernen wollen – und dazu laden wir Sie mit diesem Buch ein –, lohnt es sich, in Ihrem Alltag darauf zu achten, worauf Sie sich stärker konzentrieren, womit Sie sich gedanklich intensiver beschäftigen. Aufschlußreiche Hinweise können Sie aus Ihren inneren Dialogen, aus Ihren Selbstgesprächen gewinnen: Machen Sie sich selbst eher nieder? Zum Beispiel, wenn Sie unter Zeitdruck stehen? Oder erfahren Sie häufiger Zuspruch von sich selbst, vor allem in schwierigen Situationen? Betrachten Sie auch ab und zu das Bild, das Sie sich von sich selbst machen. Gerade in Streßsituationen ist es wichtig, daß Sie sich als wertvollen Menschen sehen, der sich selbst achtet. Diese Selbstachtung

braucht jeder Mensch, wenn er »kerngesund« sein möchte. Deshalb ist die zentrale Frage dieses Kapitels für uns alle so wesentlich: »Was bin ich *mir* wert?«
Speziell bei Führungskräften kommt hinzu: Sie brauchen Selbstvertrauen, um Zeiten besonderer Herausforderungen zu meistern. Sie benötigen mentale Zähigkeit, um das innere Gleichgewicht immer wieder zu stabilisieren, um Unsicherheiten und die Befürchtungen oder Ängste, die daraus resultieren, zu verkraften. Falsch wäre also, dem eigenen inneren »Zweifler« mehr Beachtung zu schenken als den wohlwollenden Stimmen im eigenen Kopf. Ein weiterer Vorteil: Wenn Sie ein positives Bild von sich selbst haben, wenn Sie sich – trotz Fehler und Schwächen – annehmen können, dann sind Sie selbstbewußter und zufriedener mit sich. Sie sind erfolgreicher; denn Sie verfügen über mehr Selbstvertrauen. Dies gibt Ihnen die mentalen Kräfte, mit denen Sie auch schwierige Situationen meistern können. Demnach gilt: Wer führen will, braucht Selbstvertrauen, und zwar für das Führen anderer Menschen und für das »Führe dich selbst«. Welche Schlußfolgerungen ziehen Sie daraus, insbesondere für Ihr Selbstmanagement? Eine mögliche Antwort könnte lauten: Ich achte bewußt auf wertvolle Seiten bei meinen Mitmenschen und bei mir selbst.

Für Ihr Selbstbewußtsein ist entscheidend, daß Sie Ihren Blick auch auf Ihre eigenen Talente richten, und zwar mindestens genauso intensiv wie auf Ihre Schwächen.

Dies ist nicht selbstverständlich! Denn im Erziehungs- und Bildungsprozeß der meisten Menschen wurde häufig das Gegenteil davon praktiziert: Anstatt positive Aspekte zu betonen, lenkten unsere Lehrer ihr (und damit unser) Augenmerk

vor allem auf Fehler, die rot herausgehoben wurden. Als Kinder wurden viele von uns in ihren Bemühungen von den Eltern häufig gebremst durch Aussagen wie: »Das kannst du doch nicht!« – »Dazu bist du viel zu klein!« – »Du machst das ganz falsch!« – »Ach Kind, du bist ja völlig unbegabt!« Haben auch Sie anerkennende Bewertungen, bestärkende Kommentare weniger häufig gehört?
Wen wundert es, daß wir meist auch eine falsche Tugend übernommen haben? Nämlich die fatale Botschaft: »Eigenlob stinkt!« Wir handeln uns damit gravierende negative Konsequenzen ein: Menschen, die sich selbst zu wenig anerkennen, sind häufig geradezu süchtig nach Anerkennung von anderen. Sie haben kein angemessenes Selbstbewußtsein aufgebaut, sonst wären ihnen ihre Schwächen *und* ihre Stärken gleichermaßen bewußt.
In unseren Trainings haben Jörg Müller und ich immer wieder erfahren, daß viele Menschen, insbesondere auch Führungskräfte, ihr Augenmerk vor allem auf ihre Schwächen richten und versuchen, auf diese Weise »besser« zu werden. Weil aber gilt: »Wer führen will, braucht Selbstvertrauen!« haben wir diesen Führungskräften ein Motto angeboten, das mehr Erfolg verspricht:

Zuerst »Stärken stärken!«
Und dann »Schwächen schwächen!«

Sie können sich diesen Grundsatz mit dem Bild vom Standbein und Spielbein verdeutlichen. Wir sind davon überzeugt: Menschen, die ihre eigene Persönlichkeit weiterentwickeln wollen, kommen dann gut voran, wenn sie von einem sicheren Standbein aus gezielt ihr Spielbein nach vorne setzen, also von einem gesunden Vertrauen auf die eigenen Stärken ausgehen. Sind Sie daran interessiert, mit dieser Methode

Fortschritte zu erzielen? Dann nutzen Sie doch die folgenden Übungen dazu, sich Ihre eigenen Stärken besser bewußt zu machen und so Ihr Selbstbewußtsein zu steigern. Wenn Sie sich zusätzlich Ihre Stärken in konstruktiven Selbstgesprächen oder mit mentalem Training immer wieder ins Gedächtnis rufen, stabilisieren Sie dadurch auch Ihr Selbstvertrauen. Damit Sie diese persönlichen Fortschritte erzielen können, bieten wir Ihnen auf den folgenden Seiten Möglichkeiten für eine Selbstreflexion. Wenn Sie gleich mitmachen, werden Sie überrascht sein, wie viele positive Selbsterkenntnisse Sie gewinnen.

> Menschen, die sich selbst schlecht behandeln, erwarten oft, daß andere sie dafür entschädigen.

Übung: »Meine Schmuckfedern«

Sie haben in den nächsten zehn Minuten Gelegenheit, über sich selbst nachzudenken. Und zwar in eine Richtung, in die viele Menschen zuwenig schauen: *Welche Verhaltensweisen finden Sie an sich selbst gut? Was mögen Sie an sich selbst gern?* Bitte notieren Sie hierzu mindestens 12 Eigenschaften oder Verhaltensweisen.

1. Offenheit
2. Begeisterungsf.
3. Freude
4. Optimismus
5. Verständnis
6. Gelassenheit
7. unkonventionell
8. Ästhetik
9. Einfühlsamk.
10. Akzeptanz Toleranz
11. Ausgleichen
12. Sinnlichkeit empf.

Wählen Sie davon bitte aus: Meine drei schönsten Schmuckfedern sind

Eloquenz

Verständnis

1.
2.
3.

Ist es Ihnen schwergefallen, mehr als drei oder vier Eigenschaften bzw. Verhaltensweisen zu finden, die Sie gerne an sich selbst mögen, auf die Sie vielleicht sogar stolz sind? Haben Sie eventuell (wie viele Menschen schon vor Ihnen) festgestellt, daß es nicht leicht ist, sich selbst positive Eigenschaften und Verhaltensweisen zu bestätigen? Wie wäre es, wenn Sie künftig Ihre guten Seiten mehr anerkennen würden?

> Sie dürfen sich mit Ihren Schmuckfedern zeigen! Dies gelingt Ihnen nur dann, wenn Sie Ihre Schmuckfedern kennen.

Machen Sie sich Ihre Talente ausreichend bewußt?

Die folgende Übung aus den Trainings von Jörg Müller und mir ist auf Menschen mit Führungsaufgaben zugeschnitten. Weil fast alle Leser Führungsfunktionen wahrnehmen (zum Beispiel bei der Kindererziehung, in einem Verein, in der Kirche, in einer Lehrtätigkeit usw.), bieten wir Ihnen diese Übung ebenfalls an. Sie können diejenigen Aussagen anpassen oder wegstreichen, die Ihren Lebensumständen oder Ihrer Arbeitssituation nicht entsprechen. Andererseits: Wenn Sie bei Teilbereichen Talente vermissen, die Ihnen wichtig sind, dann ergänzen Sie diese bitte.
Bitte prüfen Sie jetzt die folgenden Aussagen. Bewerten Sie, in welchem Ausmaß Sie über die angesprochenen Fähigkeiten zur Zeit verfügen. Arbeiten Sie zügig, kreuzen Sie möglichst spontan an, welche Bewertung für Sie zutrifft. Nehmen Sie sich insgesamt etwa 15 Minuten Zeit für diese Übung.

1 Meine Führungsfähigkeiten	1 = sehr oft	2 = oft	3 = etwa 50% aller Fälle	4 = selten	5 = nie
Ich habe einen guten Überblick		X			
Ich kann meine Arbeit organisieren			X		
Neuen Ideen gegenüber bin ich aufgeschlossen	X				
Ich beschaffe mir wichtige Informationen			X		
Für Probleme finde ich gute Lösungen		X			
Ideen setze ich in die Tat um			X		
Ich habe Interesse an den Aufgaben anderer. Ich kooperiere, wenn es zweckmäßig ist				X	
Ich bin bereit, Risiken einzugehen			X		
Ich übernehme Verantwortung		X			
Meine Arbeit macht mir Freude		X			
Auch in Streßsituationen denke und handle ich überlegt		X			
Ich erkenne meine Vorteile und nutze sie		X			
Ich kann mich durchsetzen		X			
Ich setze meine Ziele so, daß Erfolgserlebnisse möglich sind	X				
Ich delegiere gut: Ich vereinbare Ziele; geeignete Wege zu finden, überlasse ich den Mitarbeitern		X			

2 Meine Beziehung zum Vorgesetzten

	1 = sehr oft	2 = oft	3 = etwa 50% aller Fälle	4 = selten	5 = nie
Ich unterstütze meinen Chef					
Ich übermittle wichtige Informationen		X			
Ich bin loyal			X		
Ich trage zu einem guten Arbeitsklima bei		X			
Ich bin interessiert und engagiert		X			
Ich habe den Mut, meine Meinung zu vertreten		X			
Ich kann berechtigte Kritik annehmen; ich sehe darin Chancen zu Verbesserungen		X			
Ich räume meinem Vorgesetzten das Recht ein, auch »Mensch« sein zu dürfen (also Fehler und Schwächen zu haben)		X			

3 Meine Beziehungen zu Kollegen

	1 = sehr oft	2 = oft	3 = etwa 50% aller Fälle	4 = selten	5 = nie
Ich schätze meine Kollegen und bringe ihnen Achtung entgegen		X			
An Klatsch über Abwesende beteilige ich mich nicht		X			
Ich unterstütze Kollegen bei Problemen verständnisvoll		X			
Ich habe auch außerhalb der Arbeitszeit Kontakt mit Kollegen				X	
Ich stehe zu meinen Fehlern und versuche nicht, sie anderen in die Schuhe zu schieben		X			
Differenzen löse ich durch offene Aussprache		X			
Leistungen meiner Kollegen sind für mich Ansporn		X			
Kollegialität und fairer Wettbewerb schließen sich für mich nicht aus		X			

4 Meine Beziehungen zu Mitarbeitern

	1 = sehr oft	2 = oft	3 = etwa 50% aller Fälle	4 = selten	5 = nie
Ich kann meine Mitarbeiter für herausfordernde Aufgaben gewinnen		X			
Ich wecke Initiative		X			
Ich informiere meine Mitarbeiter gut, auch über ihre Leistungen			X		
Ich habe den Mut, unangenehme Dinge auszusprechen			X		
Ich übertrage Verantwortung für Aufgabenbereiche		X			
Ich erkenne Fähigkeiten und Stärken; ich setze diese gezielt ein		X			
Ich fördere die Weiterentwicklung meiner Mitarbeiter		X			
Ich bin für vernünftige Überlegungen offen		X			
Ich bringe meinen Mitarbeitern und ihren Problemen Verständnis entgegen		X			
Ich bin ein gutes Vorbild			X		

5 Mein persönlicher Bereich

	1 = sehr oft	2 = oft	3 = etwa 50 % aller Fälle	4 = selten	5 = nie
Meine Grundeinstellung ist hoffnungsvoll, optimistisch	X				
Ich habe Freude am Leben		X			
Unerfüllte Wünsche zu haben ist mir wichtig					
Ich nehme mir ausreichend Zeit für mich selbst			X		
Ich bin mir meiner Stärken und Schwächen bewußt		X			
Meine Erfolge erkenne ich gebührend an		X			
Ich vertrete meine Überzeugungen		X			
Ich kann abschalten	X				
Ich kann genießen	X				
Ich gestalte mein Engagement zwischen Beruf und Privatleben ausgewogen			X		
Ich habe außerberufliche Interessen				X	
Ich habe Freunde, mit denen ich feiern, aber auch Schwierigkeiten besprechen kann				X	
Ich bin dankbar – für vieles in meinem Leben	X				

Bitte überprüfen Sie jetzt kurz Ihre persönlichen Einschätzungen. Beantworten Sie sich konkret die Frage: »Welche meiner Talente sind mir zur Zeit am wertvollsten?«

Wenn Sie jetzt an Ihren Einschätzungen zweifeln oder unterstellen, ein zu positives Bild von sich selbst gezeichnet zu haben, so registrieren Sie diese Unsicherheit ganz bewußt. Bitte beantworten Sie sich dann auch die Frage, ob Sie sich selbst immer wieder kleiner machen müssen als Sie sind. An Selbstvertrauen können Sie gewinnen, wenn Sie folgenden Vorsatz fassen:

Wenn ich einem Riesen begegne, dann schaue ich genau hin: Sicher habe ich mich nur selbst klein gemacht!

Wichtig ist, daß Sie Ihre Stärken nicht als Selbstverständlichkeiten nehmen oder sie für wenig beachtenswert halten. Hierzu eine Aussage von Boris Becker, der seine Leistungskrise einem dpa-Korrespondenten gegenüber folgendermaßen begründete: »Ich habe in der vergangenen Saison versucht, meine Schwächen zu verbessern, habe deswegen das Aufschlag- und Volleytraining vernachlässigt. Plötzlich waren meine Stärken keine Stärken mehr!« Wichtig ist deshalb, folgenden Grundsatz zu beachten:

Mit meinen Talenten darf ich wuchern. Hierzu mache ich mir meine Stärken, meine wertvollen Eigenschaften und Fähigkeiten bewußt.

Meine Zeit: Mein Leben

Haben Sie sich schon einmal Gedanken gemacht über die Zeit, die Sie noch zur Erfüllung Ihrer Vorstellungen, zur Erreichung Ihrer Lebensziele zur Verfügung haben? Schneiden wir dafür aus der »ewigen Zeit« den Abschnitt zwischen 1910 und 2070 heraus.

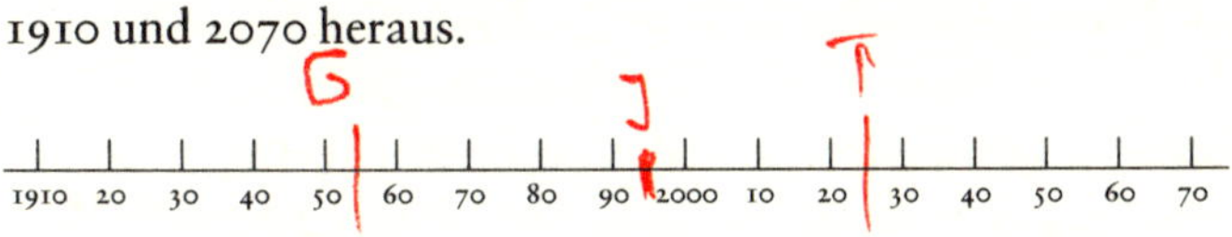

Diese Zeitspanne beinhaltet voraussichtlich auch Ihre eigene Lebenszeit. Markieren Sie jetzt Ihr Geburtsjahr mit einem senkrechten Strich und bezeichnen Sie die Stelle mit G. Wie alt werden Sie voraussichtlich? Hierfür haben Sie drei Anhaltspunkte:

1. Das Alter Ihrer Vorfahren. Wenn man in Ihrer Familie sehr alt wurde und wird, könnte dies auch bei Ihnen so sein.
2. Die durchschnittliche Lebenserwartung (sie beträgt in der Bundesrepublik bei einem neugeborenen Jungen 72 Jahre, bei einem Mädchen 79 Jahre).
3. Ihre Vorstellungen davon, wie alt Sie werden.

Wählen Sie jetzt eine aus Ihrer heutigen Sicht realistische Zahl und machen Sie einen Strich bei G plus dieser Zahl. Bezeichnen Sie die Stelle mit T. Die Linie rechts von T stellt die Zeit nach Ihrem Tode dar. Die Punkte G und T markieren die angenommenen Grenzen Ihres Zeitrahmens. Markieren Sie jetzt Ihre augenblickliche Stellung in diesem Zeitrahmen durch ein J. Bitte schreiben Sie noch über die Strecke G-J »Vergangenheit« und über die Strecke J-T »Zukunft«. Wieviel Zeit bleibt Ihnen also voraussichtlich noch, um das zu tun oder zu werden, was Sie erreichen oder entwickeln möchten?
Wenn Sie außerdem die Relation »Vergangenheit« zu »Zukunft« anschauen: Was heißt das für Sie? Bitte nehmen Sie sich etwas Zeit dazu, Ihre Gefühle zu erspüren und Ihre Ge-

danken zu registrieren, die diese Gefühle begleiten. Welche Empfindungen, welche Gedanken lösen diese unterschiedlichen Größen aus?
Welche Schlußfolgerungen ziehen Sie aus dieser Relation von Vergangenheit zu Zukunft? Eine mögliche Folgerung könnte sein: »Je weniger Zeit ich noch habe, desto sorgfältiger will ich sie verwenden, um das zu erreichen, was ich in meinem Leben sein möchte: eine Persönlichkeit, die...«
Erste Vorstellungen hierzu können Sie gleich notieren. Sie finden darüber hinaus im nächsten Kapitel weitere Anregungen für Ihre Überlegungen.

Entwickeln Sie ein Wunschbild für sich selbst!

Viele Menschen konzentrieren sich vor allem auf ihre Schwächen, denn sie glauben, diese »ungeliebten Seiten« dadurch abbauen zu können. Diese Meinung ist falsch. Wir können nur auf positive Ziele zugehen. Die Konsequenz für uns ist:

> Wenn wir uns als Persönlichkeit gezielt entwickeln wollen, brauchen wir von uns selbst ein attraktives Bild.

Konkrete Bilder und Vorstellungen haben Menschen in leitenden Positionen meist für ihre Sachaufgaben: wie Arbeitsabläufe rationeller zu gestalten sind oder wie ein geeigneter Ersatz für einen ausscheidenden Mitarbeiter aussehen sollte. Solche Überlegungen stellen die meisten Menschen jedoch dann nicht an, wenn es um die Entwicklung ihrer eigenen Persönlichkeit, z. B. ihrer Stärken, geht. Im Gegenteil: Viele konzentrieren sich vor allem auf ihre Schwächen und handeln sich dadurch erhebliche Nachteile ein. Dies können Sie sich an folgenden Beispielen verdeutlichen: Beim Tennisspiel erhöht das Denken »Jetzt bloß keinen Doppelfehler!« die Wahrscheinlichkeit, daß dieser nicht gewollte Doppelfehler tatsächlich unterläuft. Ein ähnliches Phänomen kennen Sie vielleicht auch aus Ihrer Jugendzeit: Sie sind gerade dann errötet, wenn Sie auf keinen Fall rot werden wollten. Eine entsprechende negative Sogwirkung rufen Sie ebenfalls hervor, wenn Sie sich auf nicht gewollte Eigenschaften, auf Schwächen konzentrieren.

Erfolgversprechend ist dagegen, wenn Sie für sich selbst ein optimistisches und zugleich realistisches Wunschbild entwickeln. Eine solche Vision wirkt wie ein Leitstern, an dem Sie sich orientieren können. Wenn Sie sich vergegenwärtigen, daß Sie vor fünf oder sieben Jahren ein wesentlich anderer Mensch gewesen sind als heute, daß Sie persönlich gewachsen und gereift sind, daß Sie in diesem Zeitraum sicherlich auch Tugenden und Stärken entwickelt haben: Ist es dann nicht erstrebenswert, die eine oder andere Fähigkeit zusätzlich zu entwickeln, und zwar *gezielt* zu entwickeln? Wenn Sie also das Wachsen und Reifen Ihrer Persönlichkeit nicht ausschließlich dem Zufall überlassen wollen (bitte lesen Sie diesen Satz noch einmal: wieviel Passivität ist darin enthalten!), haben Sie jetzt die Gelegenheit, sich ein positives Leitbild für Ihre persönliche Entwicklung zu erschaffen.

Wie kommen Sie zu einem positiven Leitbild für sich selbst? Sie können sich auf verschiedenen Wegen Ihre Vision bewußt machen und diese danach gezielt verwirklichen. (Möglichkeiten hierzu finden Sie auf den Seiten 89 bis 105).

1. Einen sehr schönen Weg bietet Wolfgang Seils (Institut für Visionäres Management in Eurasburg am Starnberger See) an. Damit Sie diese Methode praktizieren können, hier eine kurze Beschreibung. Sie fertigen eine Collage an, also ein Bild, das Sie aus verschiedenen anderen Bildern zusammen-

kleben. Ihr Ausgangsmaterial schneiden Sie sich aus Zeitschriften aus. Geeignet sind Bilder, die Sie ansprechen, bei denen Ihnen das Herz aufgeht, und Bilder, die Werte darstellen, die Ihnen wichtig sind, oder Wunschvorstellungen für Ihre persönliche Entwicklung zum Ausdruck bringen. Entscheidend ist, daß Sie positive, konstruktive Darstellungen wählen. Diese ordnen Sie auf einem Karton an – etwa DIN A2-Größe. Nach dem Aufkleben können Sie Ihre Collage an eine Wand hängen, auf die Sie öfter schauen. Sie werden sich dadurch klarer über die Richtung, in die Sie sich persönlich entwickeln wollen. Zusätzlich schaffen Sie sich hervorragende Voraussetzungen für ein Mentaltraining. Deshalb habe ich meine Collage auf einem Farbkopierer verkleinert und in meinen Zeitplaner eingeheftet.

2. In den Trainings mit Jörg Müller bieten wir unseren Teilnehmern »geleitete Phantasien« an, aber auch ein Vorgehen, das ich Ihnen jetzt ebenfalls beschreibe. Sie können dieses in eigener Regie praktizieren. Der Ablauf entspricht der Edison-Methode: Sie entspannen sich und lesen dann – ganz gelassen – die erste Frage. Sie beobachten, welche Antworten Ihnen in den Sinn kommen, und notieren anschließend – ganz ruhig und entspannt – die Ihnen wesentlichen Ideen. Nach etwa fünf Minuten wechseln Sie zur nächsten Frage und so weiter, bis Sie Antworten zu allen Fragen gefunden haben.

Fragen für ein Wunschbild für mich selbst: »Mein Leben in fünf bis sieben Jahren.«

1. Wenn sich an meinem Arbeits- und Lebensstil nichts ändert: Wie sieht mein Leben dann aus?
a) meine berufliche Situation
b) meine Partnerschaft/Familie
c) mein Freundes- und Bekanntenkreis
d) meine außerberuflichen Interessen

Ich bin ruhig, ganz entspannt.

2. Meine Wunschvorstellung: Wie sollte mein Leben in fünf bis sieben Jahren idealerweise aussehen? (Beruf, Familie, Freundeskreis, Interessen)

Ich bin ruhig, ganz entspannt.

3. Was müßte ich tun, um mein Idealbild zu verwirklichen?

Ich bin ruhig, ganz entspannt.

4. Was würde sich dadurch in meinem Leben verändern?
a) Was würde mir fehlen (mit welchen Konsequenzen)?
b) Welche Vorteile könnte ich für mich verbuchen?

Ich bin ruhig, ganz entspannt.

Die Übung schließen Sie damit ab, daß Sie Ihre Notizen durchlesen. Soweit erforderlich, überarbeiten und ergänzen Sie Ihre Aufzeichnungen. Prüfen Sie auch, ob Sie erforderliche Maßnahmen und Ziele klar, positiv und herausfordernd formuliert haben.
Wenn Sie eine Liste mit Ihren Wunschvorstellungen und Zielen in Ihren Terminkalender einlegen, täglich ein- oder zweimal durchlesen und damit in Ihr mentales Training einbauen, dann geschieht viel zur Verwirklichung Ihrer Vorstellungen – häufig unbewußt.

Das Wertvollste im Leben ist die Entfaltung der Persönlichkeit und ihrer schöpferischen Kräfte. (Albert Einstein)

Laden Sie von Zeit zu Zeit Ihre Batterie auf!

Woher nehmen Sie die Kraft für Ihre beruflichen Aufgaben? Was tun Sie außerdem dafür, daß Sie über ausreichend Energien für ein erfülltes Privatleben verfügen, damit Sie am »Feierabend« wenigstens ab und zu in der Lage sind, noch zu »feiern«, weil Sie das Bedürfnis haben, Höhepunkte in Ihrem Leben zu setzen und Gleichmaß und Routine zu durchbrechen? Oder hat Ihr Privatbereich für Sie eher die Funktion eines Sanatoriums und dient lediglich dazu, Ihre Kräfte zu regenerieren für Ihr aufreibendes Berufsleben?
Solche Fragen sind sicherlich vielen Menschen unbequem. Möglicherweise auch Ihnen. Und gerade deshalb sind sie »Not-wendig«, zumindest wichtig für eine Standortbestimmung, für Ihre Selbsterkenntnis. Deshalb möchte ich Sie mit einigen weiteren Fragen zum Nachdenken anregen: Was bedeutet für Sie überhaupt »Leben«? Wieviel Fülle, wieviel Lebendigkeit hat darin Platz? Welchen Anteil Ihrer vitalen Kräfte bringen Sie in Ihr Privatleben ein? Und zwar nicht nur in der Form, daß Sie körperlich anwesend sind, sondern daß Sie ganz »da«, also auch geistig-seelisch potent sind, um »Nerven« zu haben für Entscheidungen und Probleme in Ihrem privaten Umfeld, um über die seelischen Kräfte zu verfügen, die Sie brauchen für menschliche Zuwendung, für Liebe. Viele klammern sich auch deswegen ans Berufsleben, weil ihnen das Privatleben weitgehend entglitten ist. Ein Teufelskreis! Zum besseren Verständnis eine Geschichte aus den USA:

Ein Indianerhäuptling war zu einer Anhörung geladen. Nach seiner Ankunft in Washington bestieg er ein Taxi, das ihn zum Weißen Haus bringen sollte. Nach nur kurzer Fahrt ließ er anhalten und setzte sich neben die Taxe an den Straßenrand. Zehn Minuten später stieg der Häuptling wieder ein, die Fahrt ging weiter. Die Frage nach dem Grund für diesen

Halt, der doch nur die knappe Zeit noch weiter verkürzte, beantwortete der Häuptling ruhig: »Ich mußte erst meine Seele nachkommen lassen.«

Teilnehmer unserer Seminare berichten von ähnlichen Schwierigkeiten: Am Ende des Arbeitstages kommt häufig nur ihr Körper, nicht jedoch ihre Seele zuhause an. Gerade Hochbeanspruchten fehlen dann vielfach die seelischen Kräfte, um gute Qualität in ihre zwischenmenschlichen Beziehungen bringen zu können. Mancher Ehe- oder Lebenspartner interpretiert dies als Lieblosigkeit. Richtiger wäre die Bewertung: »kraftlos, weil seelenlos, weil ausgepowert!«
Wenn Sie möchten, können Sie jetzt an einem Denkmodell einige Gründe dafür herausfinden, wie solche Energie-Defizite zustande kommen. Sie werden aber auch erfahren, was Sie tun können, damit Sie Ihre Batterie erst gar nicht »leernudeln«. Zusätzliche Hinweise finden Sie in den Kapiteln über Atmung oder Entspannung.
Die vereinfachte Darstellung Ihres beruflichen Alltags, die ich Ihnen jetzt vorstelle, habe ich gemeinsam mit Max Moser entwickelt, einem Unternehmensberater aus Wil/Schweiz. Sie bietet Ihnen Reflexionsmöglichkeiten, also Anregungen zum Selberdenken und Handeln, jedoch keine Patentrezepte.

Aus Ihrem Energievorrat, Ihrer »Batterie«, investieren Sie Ihre Kräfte

1. in Ihre beruflichen Aufgaben;
2. in Personen (beruflich und privat);
3. in Sachen (Haus, Wohnung, Auto usw.);
4. in Freizeit (Urlaub, Sport usw.);
5. in Bereiche, in denen Sie Energie verschwenden, wie zum Beispiel Frust pflegen, mit dem Schicksal hadern, in Selbstvorwürfe oder Selbstmitleid flüchten, sich ärgern, ohne da-

durch etwas zu verändern. Nach meiner Erfahrung ist die hier eingebrachte Energie vergeudet.

Sie können jetzt überraschende Erkenntnisse über sich selbst gewinnen, vor allem über Ihren Kräftehaushalt. Wenn Sie sich die Zeit nehmen und die Fragen beantworten, erschließen Sie sich ein Thema, dem gerade in unserer Zeit eine große Bedeutung zukommt: Wie gehen wir um mit unseren Kräften? Stehen uns wirklich unbegrenzt Ressourcen zur Verfügung? Können wir uns die allgegenwärtige »Plünder-Mentalität« leisten, den Raubbau, den wir mit unseren Kräften treiben? Deshalb lade ich Sie ein, die Chancen zu nutzen, die gerade in dieser Übung liegen. Sie erschließen sich damit eine ergiebige Quelle für wichtige Selbsterkenntnisse!
Wenn Sie diese Einsichten zu Ihrem Kräftehaushalt gewinnen wollen, dann reservieren Sie sich eine ruhige Stunde, versorgen sich mit Papier und Schreibzeug und führen die Übung folgendermaßen durch: Sie entspannen sich. Sie können dazu Ihren Atem beobachten oder die Edison-Technik praktizieren. Wenn Sie möchten, legen Sie Musik auf, bei der Sie sich besonders wohlfühlen. Dann lesen Sie – ganz entspannt – die erste Frage. Während Sie ruhig und natürlich atmen, beobachten Sie, welche Antworten auf diese Frage Ihnen durch den Kopf gehen. Ihre Ideen notieren Sie – ruhig und entspannt. Bleiben Sie an jeder Frage jeweils fünf Minuten, denn wichtige Gedanken brauchen häufig etwas Zeit, bis sie uns bewußt sind. Zuerst registrieren wir die eher geläufigen, alltäglichen Antworten. Nachdem Sie etwa fünf Minuten lang entspannt beobachtet haben, welche Einsichten Ihnen zu einer Frage zufielen, schalten Sie um und lesen dann die nächste Frage. Beobachten Sie wieder, ganz ruhig und entspannt, welche Antworten Ihnen in den Sinn kommen. Sie können sich die wichtigen Gesichtspunkte notieren. Bleiben Sie dabei heiter, gelöst, interessiert.

Und jetzt die Fragen zum Thema »Wie laden Sie Ihre Batterie auf? Wie regenerieren Sie Ihre Kräfte?« Bitte beobachten und notieren Sie, was Ihnen hierzu einfällt, so wie eben beschrieben.

1. Meine derzeitigen Energiequellen: Woraus schöpfe ich zur Zeit meine (Lebens-)Kräfte?
2. Welche dieser Energiequellen könnte ich künftig besser ausschöpfen? Welche Quellen könnte ich mir zusätzlich erschließen?
3. Wenn ich jetzt an meine Energieverwendungen denke: Welche lohnen sich besonders?
4. Bei welchen Energieverwendungen gewinne ich wenig Kraft zurück?
5. Wo praktiziere ich eher Energieverschwendung und setze meine Tatkraft in den Sand? Was tue ich, das sogar gegen mich wirkt?

Bitte lesen Sie zum Abschluß Ihre Notizen ganz in Ruhe durch. Ergänzen Sie gegebenenfalls den einen oder anderen Gedanken, der jetzt zusätzlich auftaucht.
Welche Schlußfolgerungen ziehen Sie aus Ihren Erkenntnissen? Nehmen Sie sich hierfür noch etwas Zeit: Welche wichtigen Erkenntnisse haben Sie gewonnen? Welche davon setzen Sie um? Am meisten profitieren Sie von dieser Übung, wenn Sie sich entscheiden, was Sie tun werden. Günstig ist, wenn Sie sich klare Ziele setzen und diese schriftlich festhalten, zum Beispiel in einer Liste in Ihrem Terminkalender (»Meine persönlichen Aktivitäten«).

Damit Sie Ihre Einsichten mit den Erkenntnissen anderer Führungskräfte vergleichen können, schildere ich Ihnen jetzt einige Erfahrungen aus unseren Trainings.
Bei der Energiebilanz berichten viele Teilnehmer über ein krasses Mißverhältnis: Sie investierten sehr viel Kraft in ihre

beruflichen Aufgaben; relativ wenig fließe ihnen wieder zurück. Für dieses Ungleichgewicht fehlen häufig Erklärungen. Bedauert wird lediglich der geringe Ertrag, der zu niedrige Wirkungsgrad. Sollte es Ihnen ähnlich ergehen: Sie erhalten weiter unten noch Begründungen für dieses Mißverhältnis.
Ein entsprechendes Bild wird gezeichnet bei der Energieverwendung für Personen im beruflichen Bereich. Vor allem Personen, die eher als »schwierig« erlebt werden, werden als kraftraubend dargestellt. Woran liegt das? Ausschließlich an diesen Menschen? Häufig fehlen nur wirksame Werkzeuge, geeignete Vorgehensweisen für Standard-Führungssituationen, wie zum Beispiel Kritikgespräche. Oder es wird zu wenig eine Weisheit berücksichtigt, die uns von Konrad Adenauer überliefert ist: »Nimm die Menschen wie sie sind! Du hast keine anderen!«
Auch bei oberflächlichen persönlichen Beziehungen im Privatbereich fließe zu wenig zurück. Können Sie das auch bestätigen? Dann könnten Sie doch Konsequenzen daraus ziehen und zum Beispiel mehr Zeit verbringen mit Menschen, zu denen Sie positive Beziehungen herstellen konnten. Damit verringern Sie auch das Risiko, zuviel von Ihrer Freizeit zu verplanen und dadurch den Berufsstreß in Ihrem Privatleben zu wiederholen.
Hohe »Wirkungsgrade« nennen unsere Teilnehmer vor allem für ihre Familie: Sie sei *die* Quelle, aus der am meisten Kraft geschöpft wird, trotz geringem eigenen Engagement.

Doch jetzt zurück zu Ihren Erkenntnissen. Haben Sie bei Ihrer beruflichen Tätigkeit ebenfalls ein Mißverhältnis zwischen investierten Kräften und Rückfluß an Energie und Motivation festgestellt? Dann könnte es sich für Sie lohnen, wenn Sie sich die folgenden Fragen beantworten: Wie denken und sprechen Sie von Ihrer Arbeit? Wofür verschwenden Sie wertvolle Kräfte?

Wie denken und sprechen Sie von Ihrer Arbeit? Wie schildern Sie in Ihrem engeren Umfeld (Ihren Freunden, Ihrem Partner, Ihrer Familie) Ihre Aufgaben und Tätigkeiten? Sprechen Sie mehr über Probleme, Schwierigkeiten, menschliche Unzulänglichkeiten, also eher über das, was Sie ärgert und belastet? Zeichnen Sie diesen wichtigen Lebensbereich vielleicht sogar als freudlose Tretmühle, als ständigen Kampf gegen Intriganten und Ignoranten? Oder berichten Sie – zumindest in gleichem Maß – über das, was Sie zufrieden macht? Auch über Erfolge? Berichten Sie über das, wovon Sie sich gefordert fühlen, woran Sie wachsen und reifen dürfen, vielleicht sogar über das, was Sie freut?

Verteilen Sie 100 Punkte: Wie groß ist der Anteil, den Sie für Ihre positiven Berichte vergeben können? Wie viele Punkte verbleiben für das Schildern Ihrer Belastungen, Ihrer Probleme? Günstig ist, wenn Sie hierzu Ihr »engeres Umfeld« befragen. Die Antwort dieser Personen kann erheblich von Ihrer Selbsteinschätzung abweichen. Wie denken Sie selbst von Ihren Tätigkeiten? Genauso, wie Sie darüber berichten? Viele Führungskräfte erschrecken, wenn ihre Kinder es kategorisch ablehnen, in die gleiche »freudlose Tretmühle« einzusteigen. Wichtig wäre, in solchen Fällen zu ergründen, was sie durch allzu negative Schilderungen dazu beigetragen haben.

Weitere Erkenntnisse können Sie gewinnen, wenn Sie sich die Frage beantworten, in welchem Maß Sie am Ende eines Arbeitstages auf Ihrem Nachhauseweg an das denken, was Sie nicht erledigen konnten und was Ihnen nicht zufriedenstellend gelungen ist im Vergleich zu dem, was Sie erreicht haben, womit Sie zufrieden sind, was Ihnen gut gelungen ist. Legen Sie sich auch hierzu fest: Wie viele der 100 Punkte stehen Ihrer positiven Sicht zu? Allgemein gilt:

Sehen Sie Ihre Aufgaben als Qual, dann sind sie eine Qual.
Sehen Sie darin Herausforderungen, so fließt Ihnen viel Kraft und Freude zurück.

Erst mit einer positiven mentalen Einstellung eröffnen Sie sich Möglichkeiten, Erfolge zu verbuchen und Kraft daraus zu ziehen. Wie könnten Sie solche wesentlichen Unterschiede für sich selbst bewirken? Wenn Sie nach der Erkenntnis verfahren: »Das Auge des Betrachters verleiht der Rose die Schönheit!«, dann wissen Sie: Sie entscheiden mit Ihrer Sichtweise der Dinge, also damit, wie Sie über Ihre Tätigkeiten denken und sprechen, darüber, wieviel Kraft, wieviel Freude Sie in Ihr Leben zurückholen. Sie können aus investierten Kräften nur dann Nutzen ziehen, wenn Sie dafür sorgen, daß Positives zurückfließt. Nur wenn aus Ihren investierten Energien Ergebnisse resultieren und Sie darin Erfolge sehen, gewinnen Sie Energie für Ihre »Batterie« zurück und laden damit Ihren Kräftevorrat wieder auf.

Jetzt zur zweiten Frage: Verschwenden Sie wertvolle Kräfte? Hier geht es um den Teil Ihrer Lebenskräfte, den Sie möglicherweise bisher vergeuden, etwa für Unwichtiges oder für »Mode-Tätigkeiten«, wie zum Beispiel sich über andere zu empören oder über Ungerechtigkeit zu lamentieren oder darüber zu klagen, daß Sie gerne mehr in Ihre Zeit »hineinquetschen« möchten als möglich ist. Wie ist das bei Ihnen? Ganz konkret! In welchen Situationen gehen Sie unverantwortlich oder unökonomisch mit Ihren Kräften um? Bei welchen Aufgaben gelingt es Ihnen nicht, Ihre Kräfte auf das Wichtige zu konzentrieren? In welchen Situationen sind Sie gefährdet, Ihre Kräfte zu vergeuden?

Zu den wichtigsten Lebenskräften gehört sicherlich unsere Gesundheit. Schopenhauer vertrat hierzu eine klare Meinung: »Die größte aller Torheiten ist, seine Gesundheit aufzuopfern, für was es auch sei, für Erwerb, für Beförderung, für Gelehrsamkeit, für Ruhm, geschweige für Wollust und flüchtige Genüsse.« Damit Sie auch zu diesem wichtigen Thema Selbsterkenntnisse gewinnen können, möchte ich Sie etwas provozieren. Nämlich mit folgender These: Wenn Führungskräfte mit ihren *Aufgaben* genauso umgehen würden wie mit ihrer *Gesundheit,* würden viele fristlos entlassen. Wie ist das bei Ihnen: Dürften Sie bleiben? Oder würden Sie gefeuert? Bitte lesen Sie erst weiter, wenn Sie sich eine klare Antwort gegeben haben. Wenn Sie mehr für Ihre Gesundheit und Belastbarkeit tun, Vorsorge für Ihre Vitalität und Nervenstärke treffen wollen, sollten Sie Ihr Selbstmanagement analysieren: In welchen Situationen und Lebensbereichen führen Sie sich selbst gut? In welchen Bereichen arbeiten Sie unzweckmäßig? Eher gegen sich als für sich?

Wenn Sie sich Ihre Erkenntnisse aus der »Batterie«-Übung noch einmal vergegenwärtigen: Bei welchen Tätigkeiten könnten Sie Ihre persönliche Zufriedenheit aus Ihren eingesetzten Kräften verbessern, so daß Sie bei gleichem Aufwand mehr ernten? Wichtig ist, daß Sie immer wieder eine positive Grundeinstellung zu Ihren Aufgaben gewinnen und dadurch eine Erkenntnis von Goethe verwirklichen:

Wer freudig tut und sich des Getanen freut, ist glücklich!

Verwendete Literatur

Teil I:

Berne, Erik: Spiele der Erwachsenen. rororo-Sachbuch.

Böckmann, Walter: Menschenführung. Über den Sinn zum Gewinn. In: Management Wissen 5, 1985, S. 72–79.

Burisch, Matthias: Ausgebrannt, verschlissen, durchgerostet. In: Psychologie heute, Heft 9, 1994, S. 22–26.

Degen, Rolf: Wer sich selbst erhöht... In: Psychologie heute, Heft 8, 1992, S. 37–41.

Ernst, Heiko: Nervensägen. In: Psychologie heute, Heft 1, 1996, S. 23–28.

Kohn, Alfie: No contest: The case against competition. Houghton Mifflin 1986.

Levine, Robert und Wolff, Ellen: Zeitgefühl: Der Herzschlag der Kultur. In: Psychologie heute, Heft 7, 1995, S. 38–41.

Müller, Jörg: Höre, was ich nicht sage. Stuttgart/Hamburg 1995. Diesem Buch wurde mit freundlicher Genehmigung des J.F. Steinkopf Verlags das Kapitel »Streiten muß gelernt sein« entnommen.

Nuber, Ursula: Gefühlsarbeit. In: Psychologie heute, Heft 8, 1985, S. 21–27.

Riemann, Fritz: Grundformen der Angst. Ernst Reinhardt Verlag, Basel.

Rohr, Richard und Ebert, Andreas: Das Enneagramm. Claudius Verlag, München.

Saum-Aldehoff, Thomas:... gleich morgen fang ich an. In: Psychologie heute, Heft 3, 1993, S. 60–63.

Schoeck, Helmut: Der Neid und die Gesellschaft. Freiburg 1966.

Schräder-Naef, Regula: Keine Zeit? Heidelberg 1984.

Tournier, Paul: Mensch sein ohne Maske. Bern (ohne Jahr).

Teil II:

Dungl, Willi: Top in Form. Wien 1995.

Frankl, Viktor E.: Das Leiden am sinnlosen Leben. Freiburg 1977.

Hamm/Lagerström/Lautenschläger: Die Ganzheits-Fitness gegen das Manager-Syndrom. München 1987.

Lindemann, Hannes: Einfach entspannen. München 1984.

Lysebeth, Andre van: Yoga für Menschen von heute. München 1982.

Maltz, Maxwell: Erfolg kommt nicht von ungefähr. Düsseldorf 1962.

Müller, Jörg: Stell dein Licht auf den Leuchter. Stuttgart 1986.

Peale, Norman Vincent: Die Kraft positiven Denkens. Zürich 1986.

Prost, Winfried: Führe dich selbst! Wiesbaden 1994.

Schopenhauer, Arthur: Aphorismen zur Lebensweisheit. München 1978.

Stemme/Reinhard: Supertraining. Düsseldorf 1989.